# Spätzle & Knöpfle

handgemacht und heiß geliebt

Sylvia Bauer und Peter Menzel

# Spätzle & Knöpfle

## handgemacht und heiß geliebt

HamppVerlag

Über weitere Bücher des Verlags können Sie sich informieren unter: www.hamppmedia.de

Bildnachweis: S. 36: Otto Buchegger; S. 42/43: Bernd Klumpp; S. 45: Wolfgang Fessler; S. 51: Zahner Traiteur GmbH; S. 72: Der Gutzer; S. 72/73 MEV; S. 76/77: Bernd Klumpp (istockpro).

Text und Noten des „Linse Spätzles Blues“ hat uns freundlicherweise Christof Altmann zur Verfügung gestellt. (www.maultasch.com)



Redaktion: Dr. Eva Eckstein
Umschlaggestaltung, Layout und Satz: Petra Hille, Hampp Media GmbH, Stuttgart
Herstellung: Angela Renner, Hampp Media GmbH, Stuttgart
Fotografie: Fabian Silberzahn, Stuttgart
Repro: Bild und Text Baun, Fellbach
Druck: Stalling GmbH, Oldenburg
Gesamtherstellung und Produktion: Hampp Media GmbH, Stuttgart

Printed in Germany – gedruckt auf chlorfrei gebleichtem Papier

ISBN: 3-930723-01-8

# Inhalt

# Linse Spätzles Blues

Musik/Text: Christof Altmann

*A Gugg voll Mehl*
*en halbe Karto Eier*
*en Hafe Wasser, Salz*
*en Spätzelsseier.*
*Jo gell, do glodsch*
*so Spätzle send net teuer.*

*Für'd Linse rühr' sch du no a Mehlschwitz a*
*mit Zwieble dro, dass mr's schmecke ko.*
*Die Lense nei ond noch no Wasser dra.*

*Refrain:*
*Des isch dr Linse Spätzles Blues*
*De'sch dr Linse Spätzles Blues*
*De'sch dr Linse Spätzles Blues*
*De'sch dr Linse Spätzles Blues*
*Linse Spätzles Blues.*

*Wenn's Wasser auf em Herd vorsichtig schprudelt*
*wern d' Spätzle vom a Spätzlesbrett ragnudelt.*
*Net grad langsam – aber bitte au net ghudelt.*

*Dei Spätzlesbrett muss jetzt so richtig singe*
*de Schaber muscht em Rhythmus locker schwinge*
*wenn d' Spätzelsschaberei soll dir gelinge.*

*Wenn's rausnemmsch*
*schnell em hoiße Wasser gschwenkt*
*sonscht gibt's en Spätzlesbapp ders nemme brengt.*
*Beim Schabe hättsch de sonscht omsonscht agstrengt.*

*Refrain:*
*Des isch dr Linse Spätzles Blues ...*

# In aller Munde

*„Die Spätzle sind das Fundament unserer Küche,*
*der Ruhm unsres Landes, die Pièce de résistance des Schwabenspotts,*
*das A und O der schwäbischen Speisekarte, der Prüfstein für die hausfrauliche*
*Ehrbarkeit der Schwäbinnen und den Auslandsschwaben eine handfeste*
*Stütze ihres Heimatgefühls ... Spätzle mache ist eine uns angeborene*
*Kunst, dem Fremden fast so wenig erlernbar*
*wie unsere Sprache ..."*

*Sebastian Blau, Schwäbisch, 1936*

Spätzle: die Säule der schwäbischen Küche und Kultur? Jedenfalls gibt es sie oder ihre weniger bekannte rundliche Variante, die Knöpfle, überall dort, wo Schwaben und Alemannen beheimatet sind. Und längst haben sie auch ihren Siegeszug um die ganze Welt angetreten.

Die ehemals eintönige Alltagskost ist heute zur liebevoll zubereiteten Spezialität geworden, nicht zuletzt deshalb, weil handgeschabte Spätzle einiges an Mühe und Geschicklichkeit erfordern. Doch den Schwaben eilt nicht umsonst ihr Ruf als Tüftler voraus, und so haben sie eine ungeheure Vielfalt an genial-kuriosen Maschinen und Geräten erfunden, um sich diese Arbeit zu erleichtern.

Spätzle und Knöpfle gehören offiziell zur Gattung der Weichteigwaren – sie sind also keine Nudeln! Und durch ihre raue Oberfläche sind sie geradezu prädestiniert dafür, Saucen aufzunehmen. Nicht umsonst sind „Spätzle mit Soß" so beliebt, dass sie sogar beim schwäbischen Nachwuchs als echte Konkurrenz für „Pommes mit Ketchup" gelten.

Spätzle und Knöpfle übernehmen, als unentbehrliche Begleiter, die Rolle, die im Norden die Kartoffel spielt: „Spätzle schließen auf der schwäbischen Tafel glückliche und unglückliche Ehen mit artfremden, allzu nah verwandten, kontrastierenden und harmonierenden Speisen" – hatte schon Thaddäus Troll festgestellt und von der „glücklichen Verbindung von Spätzle und einem kräftigen Rostbraten mit viel gebräunten Zwiebeln" geschwärmt.

Aber in Spätzle steckt noch mehr, als „Mehl, Eier, Wasser und Salz" zunächst vermuten lassen. Ein Blick hinter die kulinarischen Kulissen lässt kulturhistorisch augenzwinkernd Geschichte und Geschichten, Vorder- und Hintergründiges, Menschliches und allzu Menschliches in einer Vielzahl entdecken, die der Vielfalt von köstlichen Rezepten und Zubereitungsmöglichkeiten in nichts nachsteht. Das Buch möchte dazu anregen, sich in der Kunst des Spätzleschabens und Knöpflemachens zu versuchen, auf dass ein ebenso kurioses wie köstliches Stück europäischer Kochkultur erhalten bleibe.

Wir danken Schmid's Teigspezialitäten aus Fellbach sowie allen Köchen, die uns für dieses Buch eine Spätzle- oder Knöpfle-Kreation beigesteuert haben, ganz herzlich: Jürgen Autenrieth vom „Gasthof Herrmann" in Münsingen, Christian Begyn aus Obersaasheim, Johann Britsch vom Landgasthof „Hirsch" in Finningen, Franz Feckl vom „Landhaus Feckl" in Ehningen, Wolfgang Fessler von der Fessler Mühle in Sersheim, Eugen Frank vom „Flair Hotel Frank" in Bad Urach, Martin Öxle von der „Speisemeisterei" in Stuttgart, Ulrich Schilling vom „Waldhorn" in Bebenhausen, Wilfried Serr „Zum Alde Gott" in Baden-Baden, Steffen Sonnenwald aus Wolfratshausen, Hans-Paul Steiner vom „Hirschen" in Sulzburg, Rolf Straubinger vom „Burgrestaurant Staufeneck". Und ganz besonders Peter Auer vom „Adler" in Asperg, der die meisten Rezepte ausprobiert, gekocht und angerichtet hat.

# Kennst du das Land, wo man aus Weizen Spätzle macht?

Vom Main bis an die Alpen und vom Lech bis an die Vogesen: Überall findet man historische Belege für Spätzle und Knöpfle. Und die mitteleuropäische Mehlspeisenküche kennt eine Vielzahl verwandter Produkte, die ihnen in Form, Zusammensetzung und Zubereitung sehr nahe stehen, wie zum Beispiel die österreichischen „Nockerln“ oder die Graubündener „Pizokel“. Spätzle, Knöpfle und Konsorten haben, wie übrigens auch die bayerischen und böhmischen Knödel, einen gemeinsamen Vorfahren. Und diese mitteleuropäische „Ur-Teigware“ wurde erst im Laufe der Zeit zu regionalen Spezialitäten verfeinert.

# Wie alles begann: Das Ur-Knöpfle

Geburtsort und -datum der schwäbischen Leibspeise, wie wir sie heute kennen, werden sich wohl nie genau fixieren lassen. Denn die Kochbücher des späten Mittelalters und der frühen Neuzeit waren für den Adel und für reiche Bürger geschrieben und ein alltägliches Arme-Leute-Essen, dessen Zubereitung Allgemeingut war, hatte darin keinen Platz.

Ein Holzschnitt aus dem 1507 in Augsburg erschienenen Werk „Küchenmeisterey".

Die mitteleuropäische „Ur-Teigware", aus der sich alle weiteren Varianten entwickelt haben, war ein einfacher Knödel aus Mehl, Eiern, Wasser und wenig Salz. Der Begriff „Knödel" geht auf das lateinische „nodus" und das mittelhochdeutsche „chnodo" zurück, was nichts anderes als „Knoten" bedeutet. In diese Sprachfamilie gehören neben den Knödeln auch die italienischen „Gnocci", die österreichischen „Nockerln" und sogar die „Nudeln". Nun kommen wir zur ersten schwäbischen Eigenheit: die Schwaben nennen nämlich den „Knoten" einen „Knopf" und dementsprechend hieß bei ihnen auch der „Knödel" früher schon „Knöpfle", „Knepflin" oder auch „Knepflen". So kann man im 17. Jahrhundert bei Grimmelshausen in seinem „Simplicius Simplicissimus" nachlesen: „Ein Knötlein, die Schwabenländer sagen Knöpfle". Diese Knöpfle – alte Abbildungen zeigen, dass sie etwa so groß wie Hühnereier waren – wurden vermutlich mit Löffeln geformt ins kochende Wasser gelegt.

# Der Knöpfleschwab

Eine besondere Rolle spielen die Knöpfle auch in der von Ludwig Aurbacher 1832 nacherzählten Geschichte von den „Abenteuern der Sieben Schwaben". Darin wird geschildert, wie sich sieben „Helden" zusammenfinden, um am Bodensee ein „riesiges Ungeheuer" zu erledigen. Den Knöpfleschwaben finden die Kameraden im Ries: „... In dem gesegneten Schwabenland, besonders in jener Gegend, wovon so eben Meldung geschehen (Ries), besteht die löbliche Gewohnheit, daß man täglichs Tags fünf Mal ißt, und zwar fünf Mal Suppe, und zwei Mal dazu Knöpfle oder Spätzle, daher die Leute dort in der Umgegend auch Suppen- oder Knöpfleschwaben genannt werden; und man sagt, daß sie zwei Mägen hätten aber kein Herz ..." Der Knöpfleschwab sagte zu ihnen, „Fechten sei zwar seine Leidenschaft nicht, aber wenn sie einen bräuchten, um ihnen Knöpfle zu kochen, so gehe er mit los auf das Abenteuer ..."

Der Knöpfleschwab (beim Knöpfle essen) mit seinen Kameraden, aus: Geschichte von den Sieben Schwaben. Nebst einigen schwäbischen Volksliedern, Leipzig 1838.

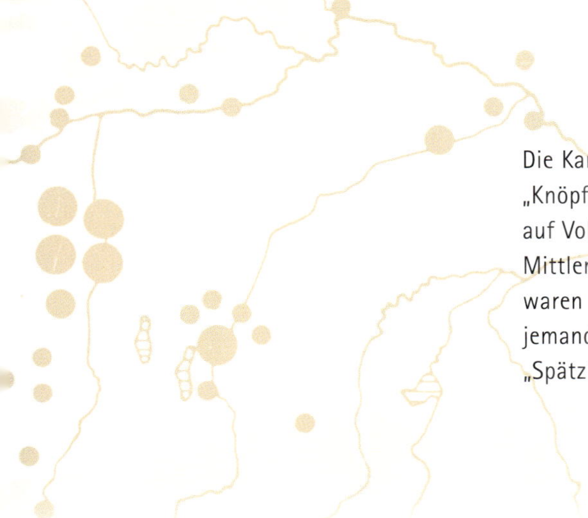

Die Karte zeigt die heutige Verbreitung der Familiennamen „Knöpfle", „Knöpflein" und „Knöpflen", ohne Anspruch auf Vollständigkeit. Bemerkenswerterweise bleiben die Mittlere Alb und Oberschwaben fast gänzlich frei. Knöpfle waren hier wohl so geläufig, dass niemand auf die Idee kam, jemandem diesen Namen zu geben. Den Familiennamen „Spätzle" findet man nicht.

# Von Spatzen und Spätzle

Im Jahre 1725 tauchte in der „Beschreibung des Göppinger Sauerbrunnens" neben dem Begriff „Knöpflein" auch die Bezeichnung „Spazen" auf. Unklar bleibt allerdings, wodurch sich diese „Spazen" von den „Knöpflein" unterscheiden. Es könnte sich sowohl auf Größe und Form als auch auf Inhalt oder Herstellung beziehen. Jedenfalls noch 1788 beschreiben sie die „Hohenloher Idiotismen" als „in Wasser oder Milch aufgekochte kleine Klöße". Bis in heutige Zeit gibt es die so genannten „Löffelspatzen", die in Größe und Gestalt immer noch den „Ur-Knöpfle" ähneln. Dies lässt vermuten, daß mit dem Begriff „Spa(t)zen" lediglich eine neue, griffigere Bezeichnung gefunden wurde. Immerhin erinnern die „Löffelspatzen" mit ihrer länglich abgerundeten Form an einen Vogelkörper: den Spatz.

**_Spatzen_**

*Nimm ein Pfund Mehl*
*in eine Schüssel, salze es,*
*rühre es sorgfältig mit Wasser an,*
*… lege kleine Knöpflein*
*in siedendes Salzwasser …*
*tue süße Butter in eine Platte …*
*lege die Spätzlein hinein.*

*M. S. Kübler, Das Hauswesen,*
*Stuttgart 1850*

„Spätzle" in der Verkleinerungsform haben wir erstmals in einem Kochbuch von 1783 gefunden, und vermutlich bezeichnen sie die verfeinerte Variante, denn im selben Kochbuch werden auch „Knöpfle" und „Spatzen" erwähnt. Und hier scheint nun auch die Erklärung für den Namen „Spätzle" zu liegen: Sie sind ganz einfach die verkleinerte Form der Spatzen.

Andere sprachliche Herleitungen suchen den Ursprung der Namensgebung im italienischen „spezzare", was so viel heißt wie „brechen, in Stücke schneiden", oder sehen die Verwandtschaft zur „pasta" oder zum französischen „pâté", was beides Mal „Teig" bedeutet. Dafür gibt es jedoch außer der vordergründig sprachlichen Ähnlichkeit keine weiteren Indizien. Aber, typisch für die schwäbische Liberalität, wurden und werden in Schwaben die Begriffe keineswegs einheitlich verwendet. Da werden schon mal die länglichen Gebilde „Knöpfle" genannt oder die kugelige Form heißt „Spätzle" oder „Spatzen", mancherorts wird mit den unterschiedlichsten Benennungen dasselbe bezeichnet. Man findet sogar Rezepte, wie das nebenstehende Spatzenrezept, in denen alle Begriffe durcheinander verwendet werden.

# Dem Spätzlebrett auf der Spur

*Nun nimmt man etwas davon auf einen Deckel heraus, scharret ihn mit einem langstieligen Löffel nach und nach ganz klein in siedendes Wasser, und läßt sie nur eine kleine Viertelstunde kochen; richtet sie an, und schmälzt sie mit gelb geröstetem Semmelmehle.*

*Aus einem Augsburger Kochbuch, 1819*

Auch wenn die Anfänge im Dunkel liegen, eines bleibt jedenfalls festzuhalten: Um die Speise zu verkleinern und so zu verfeinern, musste auch die Technik weiterentwickelt werden – das Schaben vom Brett nahm seinen Anfang. Im Rezept eines Augsburgischen Kochbuchs von 1819 findet sich bereits ein Hinweis auf die Schabetechnik; hier wurde der Teig von einem vermutlich hölzernen, flachen Topfdeckel „gescharrt".

Im Jahre 1838 dann werden im „Lob der Schwabenspätzle" bereits explizit die Utensilien Spätzlebrett und Spätzlemesser erwähnt.

Karl Lerch berichtet in seinem „Spätzlebrevier" von Professor Sachsse aus Heidelberg, der glaubte, dem Spätzlebrett bereits sehr viel früher auf der Spur zu sein. In einer Illustration des 13. Jahrhunderts zum Sachsenspiegel, einem der ältesten Rechtbücher in deutscher Sprache, identifizierte er die links dargestellte Person als Schwabenherzog, wobei er deren Attribut als ein „Spatzenbrett" deutete. Ein Küchenutensil also als Zeichen eines Herzogs? Es erscheint doch wenig schmeichelhaft, neben einem schwerttragenden Sachsen so dargestellt zu werden. So amüsant diese Vorstellung auch sein mag, diese Interpretation kann man mit Sicherheit zu den Akten legen.

In einer anderen Abschrift trägt der Schwabenherzog eine Rute in der Hand. Hier käme schließlich auch niemand auf die Idee, dies als Hinweis auf die schwäbische Kehrwoche zu verstehen, oder?

Illustration aus dem Sachsenspiegel (13. Jahrhundert)

# Hunger ist der beste Koch?

Haben wir heute die Qual der Wahl angesichts der großen Lebensmittelvielfalt, so war man bis ins 20. Jahrhundert in der Regel froh, wenn man satt wurde. In Süddeutschland ernährte man sich überwiegend von Mehlspeisen.

*Der Schwabe hält es mit den Mehlspeisen. Von Spätzle nähren sich zahlreiche Familien fast die ganze Woche; an den andern Tagen werden dann Pfannkuchen gereicht …*

*Paul Walther 1929*

Und die recht eintönige Speisenfolge war von Tag zu Tag und von Woche zu Woche festgelegt – Spätzle und Knöpfle gehörten immer dazu. So ist es auch kein Wunder, dass aus Oberreichenbach, heute Landkreis Neu-Ulm, der vielsagende Spruch überliefert ist:

„Spätzla und Knöpfla hand mi vertrieba,
Sonst wär i no länger in Reichebach blieba."

Wie wenig Abwechslung es gab, zeigt zum Beispiel ein erhaltener Speiseplan aus Wolfegg aus dem Jahre 1767. Hier wurde von der Obrigkeit festgelegt, was das Gesinde des fürstlichen Bauhofes Woche für Woche und jahraus, jahrein zu essen bekam. Trotz harter körperlicher Arbeit kamen lediglich Milch, Brot, Habermus, Kraut, Rüben – und vier Mal pro Woche Knöpfle auf den Tisch.

In diesen mageren Zeiten spielte Fett eine wichtige Rolle. Spätzle, Knöpfle, Brei und sogar Suppen wurden noch geschmälzt, ein „Schmalzpfännle" gehörte zur Grundausstattung eines jeden Haushalts. Diese Vorliebe für fettes Essen, die heutigen Ernährungsberatern die Haare zu Berge stehen lässt, ist jedoch verständlich angesichts der Tatsache, dass sehr hart körperlich gearbeitet wurde und Hunger eine stete Bedrohung war. So galten auch Spätzle und Knöpfle nur dann als etwas Besonderes, wenn sie viele Eier enthielten und kräftig geschmälzt waren. Wer nur so viel Fett dazugab, „grad dass se rutschet", war deshalb auch als „Knöpflesschinder" verschrieen.

# Sonntags Knöpfle, montags Knöpfle ...

Noch am Ende des 19. Jahrhunderts hatte sich, was die kulinarische Vielfalt betrifft, nicht viel geändert, wie dieser Rottenburger Speiseplan von 1899 zeigt. Und wohlgemerkt: Alles wiederholte sich Woche für Woche mit nur geringen saisonalen Abweichungen.
Fleisch gab es ohnehin meist nur im Winter, wenn man frisch geschlachtet hatte, und auch dann vorwiegend an Sonn- und Festtagen.
Den Rest des Jahres musste man, wenn überhaupt, mit Gepökeltem oder Geräuchertem vorlieb nehmen, denn Eisschränke, die Ende des 19. Jahrhunderts aufkamen, waren für die meisten Haushalte unerschwinglich.

Die Mehlspeisenküche war also unentbehrlich: Mehl, Milch oder Wasser waren in der Regel vorhanden, auf Eier konnte man in Notzeiten oder im Winter, wenn die Hühner keine Eier legten, sogar verzichten. So sind zum Beispiel die eierlosen „Wasserknöpfle“ von der rauen und ärmlichen Münsinger Alb bekannt.

| | Weingärtner | Mittelstand |
|---|---|---|
| Montag | *Bohnen und geschmälzte Knöpfle oder Schupfnudeln* | *Linsen und Spatzen mit Würstchen* |
| Dienstag | *Erbsen und geschmälzte Schupfnudeln oder Nudeln* | *Fleischbrühsuppe, Rindfleisch und Salat* |
| Mittwoch | *Erbsen und geschmälzte Schupfnudeln oder Nudeln* | *Erbsen oder grünes Gemüse und geschmälzte Knöpfle* |
| Donnerstag | *Kraut und Speck und Knöpfle* | *Kraut und Speck mit Spatzen* |
| Freitag | *Gebratene Knöpfle mit Salat oder Erbsen, oder Dampfnudeln mit Kaffee* | *Bohnen und Spatzen oder „Kratzete“ oder Brotknödel und Salat* |
| Samstag | *Kartoffelschnitz und Spatzen-Suppe* | *Fleischbrühsuppe, Rindfleisch und Kartoffelschnitz* |
| Sonntag | *Knöpfle mit Kraut und Speck* | *Suppe, Braten und Salat oder Kraut, Speck* |

# Schwabenspätzle sind nicht teuer ...

Was Schwaben an ihren Spätzle fast ebenso schätzen wie den köstlichen Geschmack, ist der Umstand, dass sie aus einfachsten Grundprodukten hergestellt werden können und man Geschicklichkeit und Fleiß aufwenden muss, um sie zu schmackhaften Spezialitäten zu veredeln. In dem von kleinbäuerlicher Landwirtschaft und Armut geprägten Schwaben wurde so aus der Not eine Tugend gemacht.

Denn die „feine Küche", die im 18. Jahrhundert kennzeichnend war für die höfische Kultur Frankreichs, beeinflusste im 19. Jahrhundert auch ganz allmählich die bürgerliche und sogar bäuerliche Küche Süddeutschlands. Man versuchte, das, was zur Verfügung stand, zu verfeinern.

An Stelle der groben, großen Ur-Knöpfle kamen nun die kleinen Knöpfle oder die geschabten Spätzle auf den Tisch. Diese Verfeinerung der Speise konnte praktisch ohne finanziellen Mehraufwand erfolgen und war deshalb auch breiten Bevölkerungsschichten zugänglich. Mit viel Erfindungsgeist und Fleiß trotz geringer Mittel ein Ziel zu erreichen, dieser Wesenszug ist im „Musterländle" ja auch heute noch zu beobachten.

Die verfeinerte Herstellungstechnik für die kleine Knöpflevariante bestand darin, sie nicht mehr einzeln mit dem Löffel zu formen, sondern den Teig durch ein groß gelochtes Sieb mit einem Rührlöffel ins Wasser zu streichen. Das Ergebnis sind kleine tropfenförmige Knöpfle. Diese Knöpfle-Siebe, auch Model oder Waler genannt, stehen entweder auf drei Beinen im Topf, werden auf den Topfrand aufgelegt oder frei gehalten. Von den Spätzle unterscheiden sich die kleinen Knöpfle nur in der Form: Sie sind deutlich kürzer und rundlicher.

# … was ihren Wert noch größer macht

So verfeinert waren Spätzle und Knöpfle nun auf dem Weg, ein „Genuss" zu werden, und als solcher etwas, das, vor allem im pietistisch geprägten Württemberg, immer auch mit dem Makel der Sünde behaftet war – der vielleicht durch die Mühsal des aufwändigen Schabens überwunden werden konnte. Tatsache ist nämlich, dass die geschabten Spätzle überwiegend in evangelischen Gebieten, die weniger aufwändig herzustellenden kleinen Knöpfle vor allem in katholischen Landstrichen gegessen wurden.

Aber auch unabhängig von konfessioneller Zugehörigkeit sind die Schwaben, aus historischen Gründen, von Sparsamkeit geprägt. Dies nimmt teilweise kuriose Züge an und macht natürlich auch vor Küchengeräten nicht Halt. In einem Haushalt fand sich ein Spätzlebrett, das in der Mitte völlig durchgeschabt war, mit einem Heftpflaster geflickt wurde, danach als Schneidbrettchen Verwendung fand und sogar völlig unbrauchbar nicht etwa im Ofen landete, sondern aufbewahrt wurde.

Nicht selten kommen auf Flohmärkten auch hölzerne Kochlöffel zutage, die bis zur Unkenntlichkeit abgenutzt sind und deren heutiger Marktwert die ehemaligen Anschaffungskosten sicher deutlich übersteigt.

J. F. Flattich

Ein besonderes Muster an Sparsamkeit, aber auch an Zivilcourage und Witz war der pietistische Pfarrer Johann Friedrich Flattich (1713–1797). Als er einmal bei Hofe eingeladen war und als Einziger mit ungepuderten Haaren an der Tafel saß, äußerte sich Herzog Carl Eugen missbilligend darüber. Der Pfarrer indes, um eine Begründung nicht verlegen, sagte:

*„I brauch mei Mehl zu de Knöpfle"*

689. Kapaunen, gebraten.

# Die Klassiker

„Edle Einfalt und stille Größe“ – die Formel,
die im 18. Jahrhundert für die klassische Literatur geprägt wurde,
trifft auch für die Gerichte auf den folgenden Seiten zu:
einfach, zeitlos – klassisch gut eben.

# *Kulinarische Verbindungen*

*„Spätzle mit Soß“ sind nur eine der zahlreichen „Ehen“, welche die schwäbische Spezialität von Anfang an eingegangen ist.*

### Das Lob der Schwabenspätzle

O sehet hin zum Küchenmädchen,
wie sie den Teig zerklopft und rührt
und selben auf ein Spätzlesbrettchen
mit ihrem Spätzlesmesser schmiert!

Die Masse wird aus Mehl und Eier
mit lauem Wasser angemacht,
die Schwabenspätzle sind nicht teuer,
was ihren Werth noch größer macht.

Das Wasser sprudelt in der Pfanne,
das Mädchen schneid't sie flink hinein,
klein, hart, in Länge einer Spanne –
so müssen Schwabenspätzle seyn!

Sie werden, wenn sie sich entfalten,
mit einem Löffel ausgefischt
und in verschiedenen Gestalten
den Spätzlesfreunden aufgetischt.

Von allen Sorten miteinander
die beste ist in Rindfleischbrüh'!
Mit Speck und Kraut recht durcheinander –
Wo gibt´s wohl eine Speis' wie die?

Geröste Spätzle – saget Schwaben,
mit Eiergelb so schön geschmückt,
wer sollte Appetit nicht haben,
wenn er sie auf dem Tisch erblickt?

Bei sauren Saucen aller Arten
von Kalbfleisch, Fröschen oder Fisch,
bei eingemachten Wildpretsbraten –
wer liebt nicht Spätzle auf dem Tisch?

Geschmälzt sind sie nicht zu vergessen
bei Erbsen, Linsen und Spinat,
sie sind ein allerliebstes Essen
und delikat auch beim Salat.

Die sauren Spätzle, die der Bauer,
mit Essig eingerührt, genießt,
sind eine Speise, die die Trauer
dem Volk zur Fastenzeit versüßt.

Die Spätzle, in der Milch gekochet,
sind leider! oft kein Lieblingsschmaus,
doch wenn der leere Magen pochet,
so füllen sie die Falten aus.

*Aus dem „Schwarzwälder Boten“, 1838, zit. nach Karl Lerch*

*„An Schlag Spätzle ond a sämigs Sößle“ – eine der einfachsten und erfolgreichsten Verbindungen.*

# *Linsen & Spätzle*

*Linsen mit Spätzle und Saitenwürstle – die schwäbische Lieblingskombination, die außerhalb des Landes jedoch eher skeptische Blicke erntet. Doch auch ernährungsphysiologisch betrachtet ist sie eine ideale Kombination von Eiweiß, Fett, Kohlenhydraten und Ballaststoffen.*

### Zutaten für 4 Personen

Für die Linsen:
500 g Linsen
30 g Margarine
60 g Speckwürfel
50 g Zwiebelwürfel
1 1/2 EL Tomatenmark
etwas Rotwein
1 EL Senf
etwas Essig
1 Lorbeerblatt
Salz, Pfeffer
100 g Gemüsewürfel (Karotten und Lauch)

Für die Spätzle:
200 g Mehl
4 Eier
Salz
Muskat

### Zubereitungszeit: ca. 45 Minuten

Linsen mit Wasser bedecken und ca. 3–4 Stunden einweichen.

Margarine in einem Topf zerlaufen lassen, Speck und Zwiebeln darin anschwitzen, Tomatenmark hinzufügen und 2- bis 3-mal mit Rotwein ablöschen. Senf hinzufügen und verrühren, die Linsen mit dem Einweichwasser dazugeben. Nach Geschmack mit Essig würzen, salzen und pfeffern, Lorbeerblatt dazugeben und köcheln lassen, bis die Linsen weich sind. Abschmecken. Wenn die Sauce zu flüssig ist, mit in etwas Butter gedünsteten Gemüsewürfeln und eventuell etwas Mondamin abbinden.

Mehl und Eier in eine Schüssel geben, Gewürze hinzufügen, mit einem Kochlöffel den Teig glatt rühren und schlagen, bis er Blasen wirft. Ins kochende Salzwasser schaben oder durch eine Spätzlespresse drücken. (Siehe Seite 40)

Die Linsen mit den Spätzle anrichten. Saitenwürstle und geräuchten Bauch (mit den Linsen mitkochen) dazu servieren.

JÜRGEN AUTENRIETH *vom „Hotel Gasthof Herrmann“ in Münsingen hat uns sein viel gelobtes Linsen & Spätzle-Rezept zur Verfügung gestellt; er verwendet dafür die in der Region angebauten Meidelstetter Linsen.*

# *Kässpätzle*

*Da Spätzle ursprünglich ein Arme-Leute-Essen waren, wurde an Käse verwendet, was gerade da war. Der klassische Käse für dieses Gericht ist wohl Emmentaler. Wer es würziger mag, nimmt oder mischt mit Bergkäse oder auch Alpkäs (Käse, der von der Sennerin bzw. dem Senner selbst auf der Alm hergestellt wird). Für mehr Würze sorgen ein Teil Romadur oder der vorwiegend im Allgäu verbreitete Weißlackerkäse.*

### Zutaten für 4 Personen

Für die Spätzle:
500 g Mehl
5 Eier
ca. 1/2 l Wasser
Salz
Muskat

2 Zwiebeln
300 g Hartkäse
40 g Butter
Pfeffer

### Zubereitungszeit: ca. 45 Minuten

Mehl, Eier, Wasser, Salz und Muskat zu einem glatten Teig schlagen (siehe Seite 40) und portionsweise in kochendes Salzwasser schaben. Herausnehmen, abtropfen lassen und in eine Schüssel geben.

Sofort mit etwas geriebenem Käse bestreuen und mit Pfeffer würzen.

So fortfahren und lagenweise Spätzle und Käse einschichten. Zum Schluss mit dem restlichen Käse bestreuen, mit einigen Esslöffeln des Spätzlekochwassers begießen und im vorgeheizten Backofen warm stellen.

Zwiebelringe in Butter goldbraun braten und die Kässpätzle damit garnieren.

Mit grünem Blattsalat servieren.

# Leberspätzlesuppe

*Leberspätzle sind eine der bekanntesten und beliebtesten Spätzlevarianten. Normalerweise werden sie mit Rindsleber oder, etwas feiner, mit Kalbsleber zubereitet, aber man kann auch Hähnchenleber, zusammen mit einem kleinen Sardellenfilet püriert, zu einem Spätzleteig verarbeiten.*

### Zutaten für 4 Personen

Für die Leberspätzle:
200 g Kalbs- oder Rindsleber
1 Schalotte
etwas getrockneter Majoran
250 g Mehl
2 Eier
etwas Butter
Salz
Pfeffer
Muskat

1 l Fleischbrühe
Petersilie
etwas Suppengemüse
(Lauch, Karotte, Sellerie)

### Zubereitungszeit: ca. 60 Minuten

Die Leber durch die feine Scheibe des Fleischwolfs drehen.

Schalotte fein hacken und mit dem getrockneten Majoran in etwas Butter anschwitzen, abkühlen lassen.

Mehl, Eier, Leber, Schalotte und Gewürze zu einem Spätzleteig verarbeiten und in die kochende Brühe schaben oder hobeln und einige Minuten ziehen lassen.

Die Leberspätzle als Suppeneinlage in der Fleischbrühe mit klein geschnittenem Suppengemüse und gehackter Petersilie servieren.

*Sehr gut schmecken Leberspätzle auch, wenn man sie in etwas Butter in der Pfanne anröstet und mit grünem Salat oder Kartoffelsalat anrichtet.*

# Gaisburger Marsch

*Es gibt verschiedene Deutungen, wie der schmackhafte Eintopf zu seinem Namen gekommen ist. Einer zufolge haben sich im Stuttgarter Stadtteil Gaisburg in der Gaststätte „Bäcke-Schmiede“ vor dem 1. Weltkrieg die Soldaten der nahe gelegenen Reiterkaserne regelmäßig nach ihrer Entlassung zu einem abschließenden Umtrunk getroffen. Für den Nachhauseweg, der wegen des alkoholisierten Zustandes wohl oft ein beschwerlicher Marsch zu werden drohte, sollen sie sich zur Stärkung die „Kartoffelschnitz und Spatzen“, eine Spezialität des Wirts, einverleibt haben.*

### Zutaten für 4 Personen

500 g Suppenfleisch
400 g Suppenknochen
$^1/_2$ Zwiebel
1 Bund Suppengrün
500 g Kartoffeln
1 Zwiebel
1 EL Butter
1 Bund Schnittlauch
Salz
Pfeffer
Spätzle von 250 g Mehl (Rezept siehe Seite 40)

### Zubereitungszeit: ca. 2,5 Stunden

Fleisch und Knochen mit der an der Schnittfläche gerösteten Zwiebelhälfte, dem geputzten und zerkleinerten Suppengrün und den Gewürzen in kaltem Wasser aufsetzen und ca. 2 Stunden leise sieden lassen.

In der Zwischenzeit für die Spätzle alle Zutaten zu einem Teig verarbeiten und in kochendes Salzwasser schaben oder hobeln.

Die Brühe durchseihen und abschmecken. Kartoffeln schälen, würfeln und in der Brühe garen. Das Fleisch in Würfel schneiden und mit den Spätzle in die Brühe geben.

Butter schmelzen und die in Ringe geschnittene Zwiebel darin goldbraun braten. Mit dem gehackten Schnittlauch über den Eintopf geben.

# *Löffelspatzen*

*Die Löffelspatzen können auch als Suppeneinlage serviert oder mit in Butter geschmälzten Semmelbröseln und mit Blattsalaten und Kartoffelsalat angerichtet werden.*

## Zutaten für 4 Personen

400 g Mehl
7 Eier
Salz
2 altbackene Brötchen
1 kleine Zwiebel
1 Bund glatte Petersilie
1 l Fleischbrühe

Für das Sauerkraut:
1 Zwiebel
1 EL Butter
400 g Sauerkraut
1 Gewürzsäckchen mit
6 Wacholderbeeren, 1 Lorbeerblatt, 10 Pfefferkörnern
Salz
Pfeffer
Zucker
100 g geräuchter Bauch

## Zubereitungszeit: ca. 50 Minuten

Für das Sauerkraut die Zwiebel in feine Streifen schneiden und in Butter anschwitzen. Sauerkraut, den Gewürzbeutel und etwas Wasser oder Weißwein dazugeben und ca. 40 Minuten langsam köcheln lassen. Mit Salz, Pfeffer und Zucker abschmecken.

Für die Löffelspatzen Mehl, Eier und Salz zu einem festen Teig verarbeiten. Das Brötchen einweichen, die Zwiebel fein hacken, in etwas Butter andünsten und auskühlen lassen. Das ausgedrückte, zerkleinerte Brötchen zusammen mit der Zwiebel und der gehackten Petersilie unter den Teig mischen.

Die Fleischbrühe zum Kochen bringen. Mit einem Löffel kleine Klöße abstechen und in der leise siedenden Brühe gar ziehen lassen, je nach Größe ca. 7–10 Minuten.

Die Löffelspatzen mit einem Schaumlöffel herausnehmen und mit dem Sauerkraut und knusprig gebratenen Speckstreifen anrichten.

# *Spätzle mit sauren Bohnen und geräuchter Schinkenwurst*

*„Saure Spätzle, die der Bauer, mit Essig eingerührt, genießt, sind eine Speise, die die Trauer dem Volk zur Fastenzeit versüßt“ – so heißt es schon 1838 im „Lob der Schwabenspätzle“. Und diese saure Soß' ist im folgenden Rezept etwas verfeinert und – für die Zeit nach der Fastenzeit – durch Bohnen und Schinkenwurst angereichert.*

### Zutaten für 4 Personen

250 g grüne Bohnen
400 g Spätzle (Rezept siehe Seite 40)
60 g Butter
1 kleine Zwiebel
40 g Mehl
100 ml Milch
100 ml Fleischbrühe
1-2 EL Weißweinessig
320 g geräuchte Schinkenwurst
Salz
Pfeffer
Muskat
Lorbeerblatt
etwas Schnittlauch

### Zubereitungszeit: ca. 60 Minuten

Die Bohnen putzen, in Salzwasser garen und anschließend in 2 cm lange Stücke schneiden.

Spätzle nach Rezept zubereiten.

Für die Sauce die Butter zerlaufen lassen, die gewürfelte Zwiebel darin anschwitzen, mit Mehl bestäuben und leicht bräunen lassen. Mit Milch, Fleischbrühe und Essig auffüllen, Lorbeerblatt dazugeben und ca. 20 Minuten unter häufigem Umrühren köcheln lassen. Vorsicht, brennt leicht an! Abschmecken, aufmixen und passieren.

Die geräuchte Schinkenwurst in dicke Streifen schneiden und in einer Pfanne leicht anbraten. Spätzle und Bohnen dazu geben und mit der Sauce leicht abbinden. Mit Schnittlauch garnieren.

# *Milchknöpfle*

*Damit ein Wurmlinger Bauer auch im Winter, wenn er draußen zu arbeiten hatte, nicht auf seine warmen Milchknöpfle verzichten musste, packte seine findige Ehefrau den in Tücher eingehüllten Topf in einen Weidenkorb, nahm ein paar Gabeln frisch dampfenden Saumist und bettete ihn darin ein. Ihr Mann soll sich über die warme Mahlzeit gefreut und angesichts des „Gschmäckles“ wohl beide Nasenlöcher zugedrückt haben. Seitdem necken die Bewohner der Nachbardörfer die Wurmlinger als „Milchknöpf (mit-Saumist-rom)“.*

## Zutaten für 4 Personen

1/2 l Milch
30 g Butter
1 Prise Salz
220 g Mehl
6 Eier

Für die Sauce:
1 l Milch
3 Eigelb
50 g Zucker
1 Vanillezucker
etwas Zimt

## Zubereitungszeit: ca. 40 Minuten

Milch, Butter und Salz aufkochen, Topf von der Kochstelle nehmen, Mehl zugeben, zu einem glatten Kloß vermengen, unter Rühren erhitzen, bis sich der Kloß vom Boden löst. Etwas auskühlen lassen, die Eier nach und nach unterrühren.

Für die Sauce 4 EL Milch mit den Eigelb verrühren. Restliche Milch aufkochen. Kleine Klößchen in die kochende Milch legen. Ca. 5 Minuten bei geringer Hitze kochen, 5 Minuten ziehen lassen, herausnehmen. Milch-Eigelb-Mischung mit heißer Milch verrühren, mit Zucker und Vanillezucker süßen. Knöpfle mit Sauce und Zimtzucker anrichten.

*Zu den Milchknöpfle kann man Apfelmus, Apfel- oder Birnenkompott oder auch eingelegtes Dörrobst servieren.*

# Wer will
# gute Spätzle machen ...

Mehl, Eier, Wasser, Salz – mehr braucht man nicht
für das schwäbisch-alemannische Leibgericht.
Und die Zubereitung ist zwar denkbar einfach,
aber dennoch eine Wissenschaft für sich.
Die Qualität und das richtige Verhältnis der Zutaten,
ebenso wie die gekonnte Verarbeitung, bestimmen
das perfekte Endergebnis ganz entscheidend.

# Grundrezept für Spätzle und Knöpfle

**Zutaten für 4 Personen**
**Zubereitungszeit: ca. 30 Minuten**

500 g Mehl
5 Eier
1 TL Salz
etwas Muskat
$^1/_8$–$^1/_4$ l kaltes Wasser

Mehl, Eier, Salz und Muskat werden in einer Schüssel verrührt und unter Zugabe von Wasser mit einem Kochlöffel (oder ganz traditionell mit der Hand) zu einem glatten Teig vermischt und einige Minuten kräftig geschlagen.

Wenn der Spätzleteig schwer vom Kochlöffel fällt, hat er die richtige Konsistenz. Ist er zu flüssig, etwas Mehl, ist er zu fest, noch etwas Wasser zugeben.

Wenn in alten Rezepten davon die Rede ist, dass man den Teig eine Viertelstunde und länger schlagen und ihn anschließend eine Zeit lang ruhen lassen sollte, so lag dies an der nicht besonders guten Mehlqualität. Das Schlagen des Teigs „bis es Blasen gibt", war durchaus doppeldeutig zu verstehen. Beim Mehl ist ein hoher Kleberanteil entscheidend, denn er garantiert die gute Konsistenz des Teiges. Deshalb gibt es im Handel spezielle Spätzlemehle aus besonders kleberreichen Weizenarten oder aus Dinkel. Im Regelfall reicht aber auch ein gutes Mehl Typ 405 aus.

Besonders kernig und bissfest werden die Spätzle, wenn man etwas Grieß beigibt oder den so genannten „Dunst" (doppelgriffiges Mehl) verwendet, dessen Körnung zwischen der von Grieß und Mehl liegt.

Je höher der Anteil an Eiern, desto weniger Wasser muss dem Teig zugesetzt werden und desto besser sind Qualität und Geschmack.

Früher wurde häufig Molke unter den Teig gemischt, um die Spätzle luftiger zu machen. Dies erreicht man auch durch den Zusatz von kohlensäurehaltigem Mineralwasser oder Bier. Ein Esslöffel Öl macht den Teig geschmeidiger.

# Die hohe Kunst des Spätzleschabens

Handgeschabte Spätzle erfordern einiges an Geschick und Übung. Zuerst wird das Brett kurz ins heiße Wasser getaucht, damit der Teig anschließend besser „rutscht". Dann streicht man den Teig portionsweise dünn auf das Brettchen und mit einem Schaber oder Messer werden in zügigen regelmäßigen Bewegungen schmale Teigstreifen ins kochende Wasser geschabt. Zwischendurch die Klinge des Schabegeräts kurz ins Wasser tauchen, damit sich der Teig besser lösen kann.

Manche Profis sparen sich den Umweg über das „Brettle", sie schaben die Spätzle direkt vom Rand der schräg gehaltenen Teigschüssel weg ins Wasser.

Sobald die Spätzle an die Oberfläche kommen, sind sie fertig. Sie werden mit einer Schaumkelle abgeschöpft, kurz im kalten oder lauwarmen Wasser abgeschreckt, um ein Verkleben zu verhindern, und anschließend, am besten mit ein paar Butterflöckchen, warm gestellt.

Mit dem restlichen Teig so weiter verfahren. Dabei zwischendurch das Brett und den Schaber von Teigresten befreien.

## Spatzen, gebrühte, von Milch

Diese werden wie die folgenden gemacht, nur läßt man den Teig etwas fester und legt sie in gesalzene siedende Milch, thut ein wenig Butter darein, läßt sie ¼ Stunde kochen und trägt sie sogleich auf.

## Spatzen, gebrühte, von Wasser

Man setzt ½ Liter Milch oder Wasser aufs Feuer; wenn es siedet, wird Mehl hineingestreut, wie bei jedem gebrühten Teig. Wenn er glatt gerührt ist, wird er in eine Schüssel gethan, gesalzen und mit 3 oder 4 Eiern gerührt, bis der Teig wie ein anderer Spatzenteig ist. Hierauf legt man die Spätzlein in gesalzenes Wasser, läßt sie so lange kochen, bis sie recht aufgegangen sind, richtet sie an und schmelzt sie mit gelb geröstetem Semmelmehl.

Diese Spatzen muß man aber gleich auftragen, sonst werden sie fest.

Man kann aber auch in einer flachen Schüssel 60 Gramm Butter zergehen lassen, die Spatzen in einen Schaumlöffel ablaufen lassen und in die Butter legen; dann deckt man sie gleich zu und läßt sie auf nicht zu starken Kohlen unten gelb werden und trägt sie so auf den Tisch.

*Aus: Henriette Löffler's großes illustriertes Kochbuch, o. J.*

## Spätzlein

Zu ½ Kilo Mehl rechnet man 3 Eier, 1 Theelöffel Salz, 1 Glas Wasser, und sollte der Teig noch zu fest sein, etwas Milch; der Teig wird ¼ Stunde geklopft und muß so fest bleiben, daß wenn ein Löffel voll auf ein schmales Brettchen genommen wird, der Teig nicht von demselben abläuft, sondern mit dem Messer auseinander gestrichen werden kann. Mit dem Spätzleinmesser werden nun längliche, dünne Spätzlein in siedendes Salzwasser gelegt, ein paarmal aufgekocht, mit dem Seiher herausgefangen, in warmes Wasser gelegt, zum Ablaufen in einen Seiher geschüttet, angerichtet und mit heißer Butter und gerösteten Brosamen geschmälzt. Spätzlein von gröberem Mehl sind schmackhafter als die von feinem, weil das letztere fast nur Stärkmehl und viel weniger Stickstoff enthält.

## Geröstete Spätzlein

Die wie in der vorigen Nummer gekochten Spätzlein werden nebeneinander gelegt und wenn sie kalt und etwas abgetrocknet sind mit Butter hellgelb, aber nicht zu hart geröstet. Vor dem Anrichten verrührt man einige Eier mit etwas Milch, gießt sie auf die Spätzlein, läßt es nur anziehen und richtet sie an.

## Aufgezogene Spätzlein

Zu den nach der vorletzten Nummer gekochten Spätzlein verrührt man 3 Eier mit ¼ Liter saurem Rahm und etwas Salz, menget die Spätzlein hinein und füllt sie in eine messerrückendick mit Butter bestrichene Form, schneidet etwas Butterscheiben darauf und zieht sie im Backofen oder zwischen Kohlen auf.

*Aus: Friedr. Luise Löffler: Neues Stuttgarter Kochbuch, Stuttgart 1900*

# Dinkel: das Schwabenkorn

In früheren Zeiten wurde fast ausschließlich Dinkelmehl zur Herstellung von Spätzle und Knöpfle verwendet. Dinkel war das Hauptanbaugetreide in weiten Teilen Süddeutschlands und wurde deshalb auch „Schwabenkorn“ genannt; seine rotgolden leuchtenden Felder haben die Landschaft im Sommer geprägt. Dinkel ist weniger anspruchsvoll als andere Getreidearten, braucht weniger Dünger und kommt auch mit schlechteren Böden und rauem Klima, wie zum Beispiel auf der Schwäbischen Alb, gut zurecht. Er enthält viel Proteine, das heißt viel Klebereiweiß und man konnte in Notzeiten damit auch Spätzle ohne Eier herstellen.

Zu Beginn des letzten Jahrhunderts wurden in Schwaben und Baden noch etwa 280.000 Hektar Dinkel angebaut, in den fünfziger Jahren war er nur noch an wenigen Stellen Südwestdeutschlands zu finden – der kleberreiche Hochleistungsweizen hatte ihn verdrängt. Ein Grund dafür war auch die aufwändige Weiterverarbeitung: Die Kornhüllen (Spelzen) sitzen fest am Korn und müssen in einem speziellen Arbeitsgang, dem so genannten Gerben, entfernt werden. Erst mit dem ökologischen Landbau ist die Wertschätzung des Dinkels wieder gestiegen. Wer die Möglichkeit hat, in einer Mühle frischen Dinkeldunst zu bekommen, sollte zugreifen und Spätzle daraus machen. Frisch gemahlen verströmt Dinkel ein intensives Aroma, das man auch im Endprodukt noch zu schmecken glaubt.

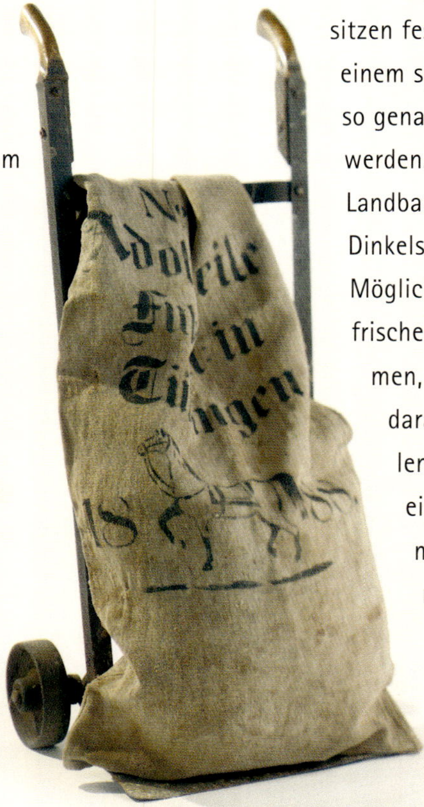

Die großen alten, schön bedruckten Kornsäcke waren für Dinkel ausgelegt. Da der Gewichtsanteil der voluminösen Spelzen des Dinkels immerhin dreißig Prozent beträgt, fasst auch ein großer Sack wenig mehr als einen Zentner.

# Spätzle – eine Wissenschaft für sich

„Wie's Mehl isch, so wäret Spätzle" – und da ist es kein Wunder, dass gerade in einer Mühle, die ja die Grundlage produziert, Spätzle eine so wichtige Rolle spielen.

In der Fessler Mühle in Sersheim spielen Spätzle eine Hauptrolle.

Schon seit über 600 Jahren wird in der Fessler Mühle in Sersheim das Getreide der Landwirte der Umgebung gemahlen und seit etwa 100 Jahren schon wird hier ein spezielles Spätzlemehl hergestellt. Aber auch sonst steht die schwäbische Spezialität im Mittelpunkt: Sei es in den Spätzle-Kursen, welche die Müllerin seit Jahren anbietet – etwa unter dem Motto „Jedem das seine und uns unsre Spätzle". Sei es, dass sie in dem zur Mühle gehörenden Sportzentrum als wichtiger Kohlenhydratlieferant für Ausdauersportler hoch angesehen ist. Sei es bei der Besichtigung der umfangreichen Spätzledrücker-Sammlung im Mühlenmuseum. Oder sei es im Kleinkunsttheater-Restaurant der Mühle, in dem diverse Spätzlesspezialitäten das Programm der schwäbischen Kabarettisten kulinarisch abrunden. Und um das Thema Spätzle auch wissenschaftlich zu beleuchten, wurde 2002 die „Spätzle-Akademie" gegründet, die traditionell Regionales fördern und auch erhalten möchte.

Das ganze Jahr über finden in der Fessler Mühle die verschiedensten Aktionen statt, die Kultur und Kulinarisches verbinden, Verbraucherinformationen und Seminare bis hin zum wissenschaftlichen Symposium anbieten.

Im Rahmen des jährlichen Festivals der „schwäbischen Leitkultur" darf natürlich auch ein Wettbewerb im Spätzleschaben nicht fehlen, und der Siegerin bzw. dem Sieger winken ein Preis sowie der Titel „Meisterin oder Meister am Spätzlebrett".

# O heiligs Brettle

Gäbe es ein Bundesland Schwaben, so müsste das „Brettle" wohl unweigerlich das Landeswappen zieren. Denn es gilt als Wahrzeichen des deutschen Südwestens. Für jeden, der Spätzle von Hand schabt, ist das Spätzlebrett „heilig" und für sonstige Verwendungen tabu. Denn wurde es erst einmal zum Schneiden missbraucht, ist seine Eignung zum Schaben unwiderruflich dahin – der Schaber bliebe an den Schneidespuren hängen.

Ein Spätzlebrett wird im Lauf seiner Dienstzeit immer besser: Es liegt angenehmer in der Hand, die Oberfläche wird dichter und glatter, die Arbeit geht leichter von der Hand. Genauso wie ein Auto eingefahren werden muss, so ist auch das Brettle erst nach einigem Gebrauch „eing'schafft".

Doch selbst das beste Spätzlebrett wäre nichts ohne ein gutes Schabewerkzeug, bei dem die Arbeitskante stumpf sein sollte. Zunächst wurden einfache Holzmesser, die als Buttermesser ohnehin in den bäuerlichen Haushalten vorhanden waren, zum Schaben verwendet. Bereits im 19. Jahrhundert wurden aber schon spezielle Messer mit geraden, stumpfen Klingen oder sogar mit ergonomisch schräg stehenden Arbeitskanten entwickelt. Auch die heute noch häufig verwendeten trapezförmigen Blechschaber gibt es bereits seit fast hundert Jahren.

# Das Spätzlebrett – eine Evolutionsgeschichte

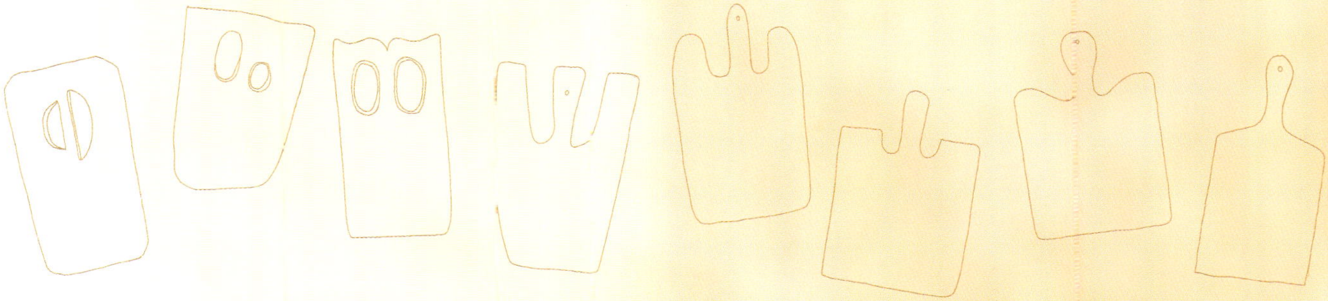

Die ältesten erhaltenen Spätzlebretter sind etwa 150 Jahre alt. Da sie nie mit Jahreszahlen versehen wurden, lässt sich das Datum natürlich nicht genau festlegen. Sie wurden immer aus einem einzigen Hartholzbrett ohne Leimung gefertigt. Zumeist wurde dafür Ahornholz verwendet, ein helles Holz, das auch noch nach längerem Gebrauch in der Küche appetitlich aussieht. Seltener findet man welche aus Eichen- oder Buchenholz. Ganz typisch für das Spätzlebrett ist die abgeschrägte Vorderkante, die das Abschaben des Teiges erleichtert und die es von normalen Schneide- oder Backbrettern unterscheidet.

Die ältesten Exemplare waren meist sehr groß, bis zu vierzig Zentimeter lang und über zwei Zentimeter dick. Heute sind die Bretter durchschnittlich dreißig Zentimeter lang und weniger als einen Zentimeter stark. Kurioserweise lässt sich auch eine formale Entwicklung der Bretter beobachten, an der Charles Darwin seine Freude gehabt hätte.

Die „Evolutionsgeschichte" beginnt mit ganz einfachen Brettern, in die nur zwei Grifflöcher, häufig ein größeres und ein kleineres, eingearbeitet waren. Auf der nächsten Entwicklungsstufe wird dann das Holz zwischen den Löchern zum eigentlichen Griff, wobei die seitlichen Schultern noch sehr weit hochgezogen sind. Diese Schultern werden im Laufe der Zeit immer kürzer und kleiner, bis sie schließlich ganz verschwunden sind.

# Wo gehobelt wird, da fallen Spätzle ...

Wem das Schaben zu aufwändig ist oder wer die rundlichen Knöpfle bevorzugt, kann heute unter einer Fülle von Geräten wählen, welche die Herstellung erleichtern. Je nach verwendetem Gerät muss die Festigkeit des Teiges variieren, was natürlich auch Auswirkungen auf die Bissfestigkeit des Endprodukts hat. Manche bevorzugen beim Käseauflauf die weicheren Knöpfle, wollen als Beilage handgeschabte und für „Gaisburger Marsch" die besonders bissfesten gepressten Spätzle – Geschmäcker sind nun mal verschieden.
Zur leichteren Orientierung stellen wir die wichtigsten Geräte kurz vor.

**Der Hobel**

Bei den Hobeln, die auf dem Topfrand aufliegen, wird der Teig in einen unten offenen Behälter gefüllt, der über eine gelochte Unterlage hin und her geschoben wird. Dabei ist die Form der Löcher entscheidend: Bei runden Löchern entstehen Knöpfle, bei Löchern mit Fortsätzen zieht sich der Teig beim Fallen in die Länge und es entstehen Spätzle. Hier ist ein nicht zu fester Teig vorteilhaft.

Da die Hobel mit einfacher Rundlochung für Knöpfle vor allem im katholischen Oberschwaben verkauft werden, heißen sie im Volksmund auch „katholische" Hobel.
Das „evangelische" Pendant, der Zungenlochhobel für Spätzle ist überwiegend im protestantischen Unterland verbreitet.

# … wo gepresst und gedreht wird, auch!

**Das Model (Knöpfles-Sieb)**
Um Knöpfle herzustellen, streicht man den Teig mit einem Kochlöffel oder Teigschaber durch ein großlöchriges Knöpflesmodel. Dabei werden die Model gehalten oder auf den Topfrand aufgelegt. Durch die einfachen Löcher fällt der Teig rundlich ins kochende Wasser. Damit er gut tropft, muss der Teig dafür etwas flüssiger sein.

**Die Presse**
Etwas Kraft ist nötig für dieses Gerät, auch „Spätzle-Schwôb" genannt. Es wird auf den Topfrand aufgelegt und der Teig von Hand mittels Hebelkraft durchgedrückt.

**Die Mühle**
Das Gerät wird am Topf angeschraubt und der Behälter mit Teig gefüllt. Bei diesen Mühlen kommt ein ganz eigenwilliges technisches Prinzip zur Anwendung, das sich den zähen, klebrigen Teig zunutze macht: Beim Drehen wird die Masse durch Adhäsion (Kleben) an der exzentrischen Walze zu den Öffnungen gebracht.
Je nach verwendeten Einsätzen kann man wahlweise Spätzle oder Knöpfle herstellen.

**Für alle Geräte gilt:**
Sie sollten vor Gebrauch nass gemacht und hinterher sofort mit viel kaltem Wasser abgespült werden.
Wer jemals versuchen sollte, sie heiß zu spülen, wird die unangenehme Erfahrung machen, dass sich die Teigreste auch in den Geräten zu Spätzle verfestigen!

# Rekordverdächtig!

*Was eine so wichtige Rolle im kulinarischen Alltag spielt wie die Spätzle, das fordert auch zu Höchstleistungen heraus: Da werden Weltrekorde im Spätzle-Essen aufgestellt und riesige Teigmengen verarbeitet und in große Kessel geschabt, bis der Daumen vom Klammergriff des Spätzlebretts schmerzt.*

250 kg Mehl, 2000 Eier und 4 Spätzlesbretter verbrauchte im November 2002 das Köcheteam Werner Fitterling und Stefan Oesterle, als sie in Oberderdingen in 25 Stunden einen neuen Weltrekord im „Dauerspätzleschaben" aufstellten. Das Ergebnis – rund 320 Kilogramm Spätzle – wurde für einen guten Zweck zur Verfügung gestellt.

Spätzle in verschiedenen Variationen stehen bei Werner Fitterling in seinem Gasthof „Zur Ölmühle" in Oberderdingen aber auch täglich auf dem Speiseplan. Und er serviert seinen Gästen zudem eine kuriose Variante: die „Würfelspätzle".

### Würfelspätzle

Einen Spätzleteig, nur mit Eiern ohne Wasser zubereiten (siehe Seite 40), den Teig in eine beschichtete Pfanne gießen, wie einen Pfannkuchen von beiden Seiten kurz stocken lassen, herausnehmen, schachbrettartig aufschneiden und die Würfel in kochendem Salzwasser fertig garen. Herausnehmen, abschrecken und in einer Pfanne mit Butter goldgelb braten.

# Ein Wettbewerb der besonderen Art

Von einem Spätzle-Wettessen berichtete die Stuttgarter Zeitung am 6. Juli 1970:

Stuttgart(hjt). Beim ersten Schwäbischen Spätzles-Wettbewerb in Stuttgart, der von der Stadtverwaltung der Schwabenmetropole veranstaltet wurde, stellte gestern ein Gast aus Chile alle Schwaben in den Schatten. Der 94 Kilo schwere Mann aus Südamerika verschlang in einer Stunde fünf gehäufte Teller Spätzle und schlug damit alle einheimischen Konkurrenten. (...) Der Chilene, der allerdings schwäbische Vorfahren hat, verwies seine Konkurrenten auf die Plätze und siegte mit einem Vorsprung von 450 Gramm verschlungener Teigwaren. (...) Eine Aufregung gab es bei der Siegerehrung: Als der Gast aus Chile in Spätzle aufgewogen werden sollte, war er verschwunden. Schließlich wurde er in einer der nahe gelegenen Toiletten gefunden. Dem offenbar noch spätzlesunkundigen Gast aus Chile war die schwäbische Nationalspeise nicht bekommen.

**Die größte Spätzlespfanne der Welt**

Eine Bratfläche von 14 Quadratmetern brachte die Spätzlespfanne aufs Feuer, in der im September 2001 in Feldberg 1,2 Tonnen Spätzle schmurgelten und reißend Absatz fanden. Der Erlös der Aktion, die einen Eintrag ins Guiness-Buch der Rekorde brachte, wurde für ein UNICEF-Projekt gespendet.

# Nicht nur Not macht erfinderisch

Das innige Verhältnis zu ihren Spätzle hat den Erfindungsreichtum und Tüftlergeist der Schwaben ungemein beflügelt und der Welt seit 150 Jahren eine unglaubliche Fülle und Vielfalt von Geräten und Maschinen beschert – und ein Ende ist nicht abzusehen. Einige Erfindungen sind zeitlos genial, manche eher skurril, etliche Stücke sind Prototypen geblieben. Diverse Geräte werden seit über 60 Jahren fast unverändert produziert, andere, die sich früher in fast jedem Haushalt fanden, sind mittlerweile fast verschwunden. Auch hier spiegeln sich die Zeitläufte wider ...

# Schwäbischer Tüftlergeist

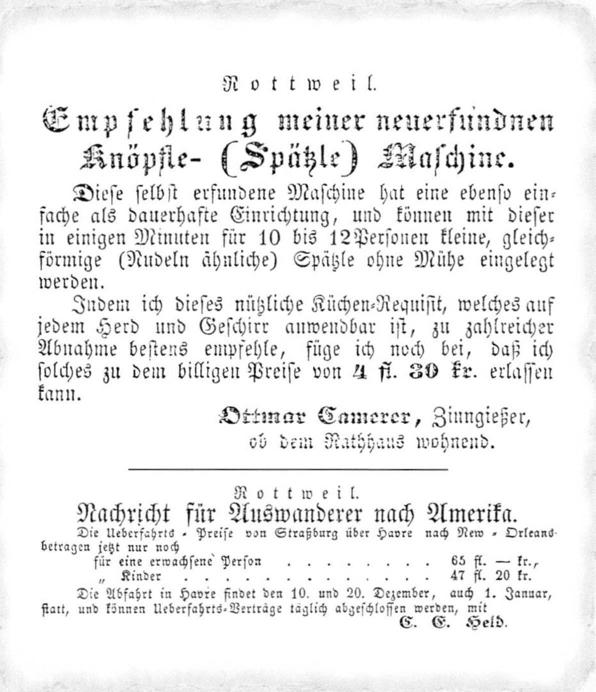

Rottweil.

**Empfehlung meiner neuerfundnen Knöpfle- (Spätzle) Maschine.**

Diese selbst erfundene Maschine hat eine ebenso einfache als dauerhafte Einrichtung, und können mit dieser in einigen Minuten für 10 bis 12 Personen kleine, gleichförmige (Nudeln ähnliche) Spätzle ohne Mühe eingelegt werden.

Indem ich dieses nützliche Küchen-Requisit, welches auf jedem Herd und Geschirr anwendbar ist, zu zahlreicher Abnahme bestens empfehle, füge ich noch bei, daß ich solches zu dem billigen Preise von **4 fl. 30 kr.** erlassen kann.

**Ottmar Camerer**, Zinngießer, ob dem Rathhaus wohnend.

Rottweil.

**Nachricht für Auswanderer nach Amerika.**

Die Ueberfahrts-Preise von Straßburg über Havre nach New-Orleans betragen jetzt nur noch

für eine erwachsene Person . . . . . . . . . 65 fl. — kr.,
„ Kinder . . . . . . . . . . . . . 47 fl. 20 kr.

Die Abfahrt in Havre findet den 10. und 20. Dezember, auch 1. Januar, statt, und können Ueberfahrts-Verträge täglich abgeschlossen werden, mit

**C. C. Held.**

Annonce im Rottweiler Anzeiger vom 12.12.1847. Für den Gegenwert von etwa 15 solcher Spätzlemaschinen hätte man damals auch nach Amerika auswandern können. Und von dieser Möglichkeit musste der Erfinder Camerer schließlich selbst Gebrauch machen, denn nach Teilnahme an revolutionären Umtrieben war er 1848 gezwungen, ins „Land der unbegrenzten Möglichkeiten" zu emigrieren, wo sich seine Spuren verlieren.

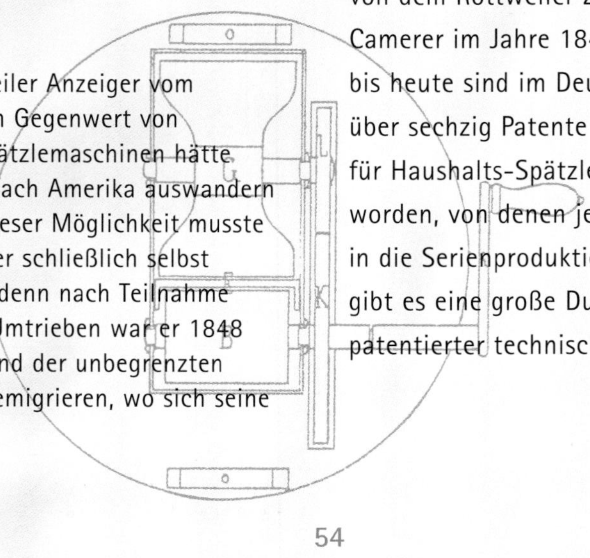

Mit möglichst geringem Zeit- und Arbeitsaufwand Spätzle herzustellen, das allein genügte den schwäbischen Tüftlern allerdings nicht – sie wollten das Ergebnis den hoch angesehenen handgeschabten Exemplaren auch zum Verwechseln ähnlich machen. Doch diese Arbeitserleichterung durfte den mit der Maschine hergestellten Spätzle möglichst nicht anzusehen sein.

Dass der schwäbische Tüftlergeist keineswegs Mythos, sondern Realität ist, beweist die Tatsache, dass etwa die Hälfte aller jährlich angemeldeten deutschen Patente aus Süddeutschland eingereicht werden. Die älteste bekannte Spätzle-Maschine wurde von dem Rottweiler Zinngießer Ottmar Camerer im Jahre 1847 gebaut. Seit 1880 bis heute sind im Deutschen Patentamt über sechzig Patente und Gebrauchsmuster für Haushalts-Spätzlemaschinen hinterlegt worden, von denen jedoch nur ein Bruchteil in die Serienproduktion ging. Darüber hinaus gibt es eine große Dunkelziffer niemals patentierter technischer Lösungen.

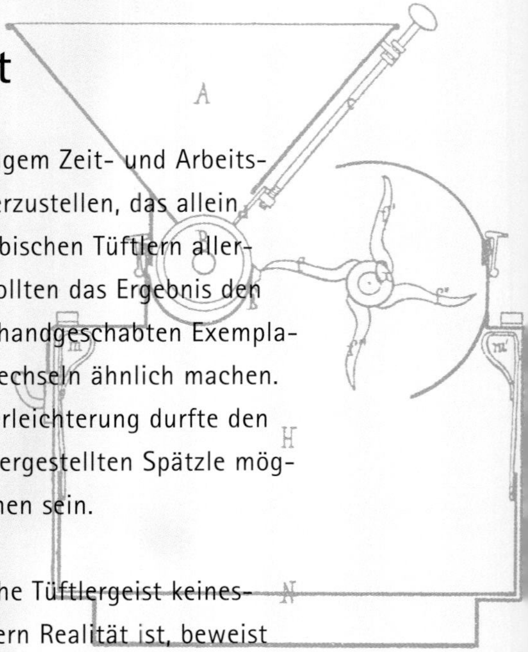

# Kreative Gerätevielfalt

Ingenieure, Köche, sogar ein Regierungspräsident waren auf dem Feld der Spätzlegerätekonstruktion kreativ. Einigen Erfindern gelang es, damit florierende mittelständische Betriebe aufzubauen. Zwei der erfolgreichsten Entwickler und Produzenten von Spätzlegeräten kamen aus der Rüstungsindustrie und brachten ihre Erfahrung aus der Geschützherstellung in Bezug auf Präzision und Robustheit ein. Auch Kriegsflugzeugschrott wurde zu Spätzlepressen umgeschmolzen – quasi als schwäbische, undogmatisch-praktische Variante von „Schwerter zu Pflugscharen".

Einige Erfinder haben versucht, den Vorgang des Schabens zu mechanisieren. Das Ergebnis waren skurril anmutende Konstruktionen, die teilweise sogar in Serie produziert wurden. Besonders originell ist auch die Spätzleschabemaschine eines Stuttgarter Erfinders, die sogar ein echtes Spätzlebrett als Konstruktionsbasis hat. Andere Geräte haben batteriebetriebene Motoren, integrierte Teigförderbänder oder arbeiten wie eine Guillotine – der Fantasie sind keine Grenzen gesetzt ...

Fast all diesen Geräten war jedoch kein wirtschaftlicher Erfolg beschieden. Sie lieferten zwar teilweise gute Ergebnisse, scheiterten aber an ihren hohen Herstellungskosten oder auch daran, dass sie nach Gebrauch schwierig zu reinigen waren.

# Womit man Spätzle und Knöpfle machen kann

## Hobel

Hobel-Model
für Knöpfle,
um 1920/30.

Knöpflehobel „OM-
Kochfreude", um 1930.

## Spätzler

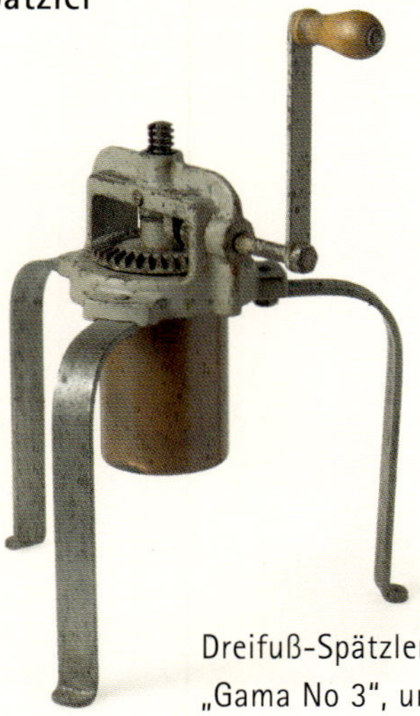

Dreifuß-Spätzler
„Gama No 3", um 1930.

Spätzler zur Auflage
auf den Kochtopf,
um 1950.

## Schabegeräte

Mechanisches Spätzlebrett
„Bastian", Patent 1931.

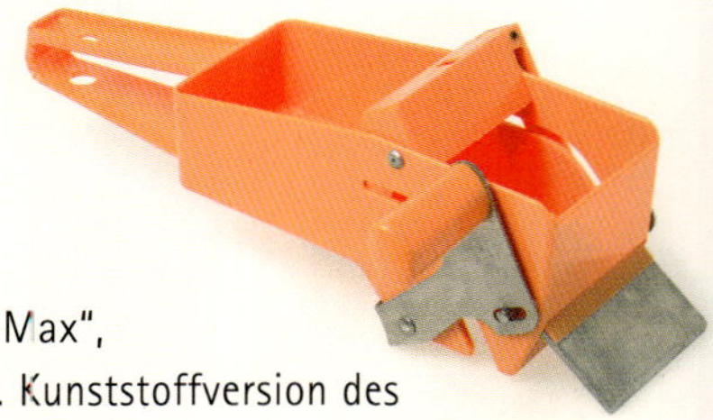

„Spätzle-Max",
um 1970. Kunststoffversion des
Brettes „Bastian".

## Pressen

Spätzlepresse mit Schraubspindel, um 1940/50.

Spätzlepresse mit abschraubbarem Boden, um 1950.

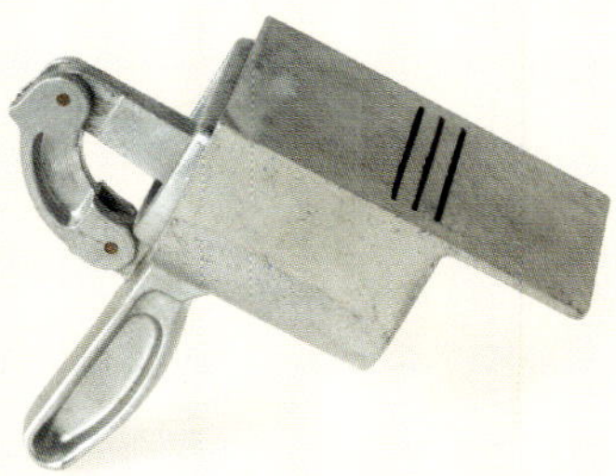

Schabepresse, Prototyp, um 1960/70.

## Mühlen

Spätzlemühle „Hünersdorff", um 1910.

Knöpflemühle, Einzelanfertigung, um 1920.

Spätzlemühle „Herma", um 1930.

# „Faule-Weiber-Spätzle"

Zweifelsohne gibt es eine „Spätzle-Prestige-Hierarchie": An erster Stelle stehen natürlich die handgeschabten, danach kommen fast – aber eben nur fast – gleichwertig selbst gemachte Geräte-Spätzle; mit einigem Abstand folgen Fertig-Spätzle, die es in vielen Varianten, seit einigen Jahren auch als frische Spätzle aus der Kühltheke, und oft mit dem Hinweis „wie selbst gemacht" oder „wie handgeschabt" gibt. Das Schlusslicht bilden die bundesweit vermarkteten Fertig-Gerichte.

Gilt diese Rangfolge nun auch im übertragenen Sinne für die Qualitäten der schwäbischen Hausfrau? Zumindest bestehen einige Schwäbinnen auch heute noch darauf, dass ausschließlich die handgeschabten den Namen Spätzle verdienen – alle anderen werden teilweise abschätzig, teilweise auch selbstironisch „Faule-Weiber-Spätzle" genannt.

Wann erstmals industriell Spätzle produziert wurden, ist nicht bekannt. Verbürgt ist, dass die Firma M. Ludwig in Bergatreute bereits 1906 mit einer speziell entwickelten Maschine Fertigspätzle hergestellt hat. Aber erst seit den 50er Jahren des vorigen Jahrhunderts begannen die industriell gefertigten Spätzle flächendeckend den Markt zu erobern.
Und die Produzenten, wie z.B. Schmid's Teigspezialitäten in Fellbach, setzen alles daran, in der Qualität der Fertigspätzle möglichst nahe an die selbst gemachten heranzukommen.

In solchen Holzkisten wurden die Spätzlepackungen früher verschickt. Sie schützten die Ware beim Transport und später bei der Lagerung im Laden vor Mäusen.

# Liebe geht durch den Magen

Handgeschabte Spätzle symbolisierten früher geradezu die Tugenden der schwäbischen Hausfrau: Häuslichkeit, Sparsamkeit und Fleiß. Und selbst heute noch werden Spätzlesbrett und -schaber gerne als beziehungsreiche Hochzeitsgeschenke augenzwinkernd überreicht. Liebe geht schließlich durch den Magen.

Die alte Werbung für Spätzle-Maschinen appellierte an diese Tugenden und ergänzte sie durch eine weitere: die Fortschrittlichkeit. So ließen sich Zeit und Geld sparen, ohne auf gewohnte Qualität verzichten zu müssen. Zufrieden lächelnde Hausfrauen durften deshalb auch auf den Werbeprospekten nicht fehlen. Wer scheinbar mühelos große Mengen „handgeschabter" Spätzle auftischen konnte, dem war die Anerkennung von Familie und Verwandten sicher. Und dass man sich dabei technischer Hilfe bediente, musste ja schließlich nicht an die große Glocke gehängt werden: Noch vor fünfzig Jahren deponierte man die Spätzlegeräte deshalb oft verschämt im hintersten Küchenschrankwinkel. Am Selbstverständnis der schwäbischen Hausfrauenehre sollte eben nicht gekratzt werden.

Dieser Werbeprospekt aus den 20er Jahren des vorigen Jahrhunderts ist nicht nur ein Beispiel für frühe vergleichende Werbung, sondern macht auch die Werbestrategie der Hersteller deutlich: Bei dem „veralteten" Konkurrenzprodukt sah sich der Gatte genötigt, in der Küche mit Hand anzulegen – der mürrische Gesichtsausdruck der beiden spricht Bände! Wenn er seiner Angetrauten jedoch eine „moderne" Maschine kauft, kann sie glücklich lächelnd und vor allem wieder alleine am Herd stehen.

# Heimat im Teller

Ob als Arme-Leute-Alltagskost in früheren Zeiten oder als kulinarische Spezialität – Spätzle müssen als „typisch schwäbisch" eingestuft werden und spielen auch eine wichtige Rolle als Symbol regionaler Identität.

Und wie wichtig die Spätzle dem „Ländle" und seinen Bewohnern sind, bekam ein Leserbriefschreiber der „Heilbronner Stimme" zu spüren, dessen Meinungsäußerung an einem Mittwoch, den 24. März 1965, den Heilbronnern ihren „Spätzleskrieg" bescherte: Ein Sigurd G. hatte es gewagt, Folgendes öffentlich von sich zu geben:

*„Dass es in Schwaben ein Mehlteig-Gericht gibt, das ebenso unappetitlich aussieht wie es mundet, daran habe ich mich in sechs Jahren „Reingeschmeckten-Daseins" leidlich gewöhnt. Was ich aber nie verwinden kann, ist die Überheblichkeit, mit der die Schwaben über ihre Spätzle sprechen, als sei dies wunder was. Soll an der Schwaben Spätzlewesen wohl die ganze Welt genesen? ... Spätzle sind doch das letzte für jeden Feinschmecker-Gaumen."*

Ein Sturm der Entrüstung brach los und die Zeitung wurde regelrecht mit Zuschriften bombardiert (191!). Die Spätzle wurden in den Rang eines „Nationalgerichts" erhoben, das verteidigt werden musste, und der Kritiker als „Reingeschmeckter" wieder an seinen „Kartoffeläquator" verwünscht.

Und wie sieht es heute aus? Sind Spätzle wirklich noch die typische schwäbische Mahlzeit? Untersuchungen haben gezeigt, dass sie durchschnittlich nicht häufiger verzehrt werden als Pizza oder Pommes. Ganz anders ist es dagegen, wenn man nach der Bedeutung der Spätzle fragt: An Festtagen oder wenn Besuch (vor allem nichtschwäbischer!) zu bewirten ist, stehen die regionalen Spezialitäten an erster Stelle.

Spaetzle once known chiefly in Swabia

# Spätzle international

Die Zeiten, in denen Spätzle nur in der Heimat der Schwaben und Alemannen zu finden waren, also in Baden-Württemberg, in Bayerisch Schwaben, in der deutschsprachigen Schweiz, im Elsass und in Vorarlberg, sind längst vorbei. Dank der zahlreichen Geräte, die im Laufe der Jahre konstruiert wurden, können Spätzle – damit wirbt auch die alte Anzeige auf der gegenüberliegenden Seite – heute überall hergestellt werden.

Spätzle werden mittlerweile weltweit zubereitet. Hier ein Beispiel aus Brasilien.

Erfahrungsberichte von im Ausland weilenden Schwaben machen deutlich, dass sie selbst in den entlegensten Winkeln dieser Erde nicht auf ihre Spätzle verzichten wollen, und „Spätzle-Carepakete" aus der Heimat werden sehnsüchtig erwartet. Sogar bei einer Himalaya-Expedition waren sie Teil der Verpflegung.

Andererseits bringen auch viele, die als Studenten, Gastarbeiter oder Touristen in Süddeutschland spätzlefiziert wurden, das nötige Know-How für die Herstellung der schwäbischen Spezialität mit in ihre Heimat zurück. Dienten die Exporte von Spätzle und Geräten in der Vergangenheit also vor allem der Versorgung von Exilschwaben, so ist man mittlerweile weltweit auf den Geschmack gekommen.

Mit der Globalisierung wird Regionales eben als sogenanntes „Ethnofood" in alle Welt getragen. So findet man in Istanbul Lokale, in denen „Sipetsele" serviert werden; in der Provence schätzt man sie als „pasta suabe" und in New Yorker Nobelrestaurants sind sie im Moment als „spatzley" der absolute Renner.

Spätzle und Knöpfle haben also ihren Platz gefunden, als eine von vielen regionalen, aber nicht mehr nur auf die Region beschränkten Spezialitäten.

# Das Original und seine Variationen

Ob Kräuter, Pilze, gemahlene Nüsse oder Ingwer – die Möglichkeiten, den Spätzle- oder Knöpfle-Grundteig je nach Gericht abzuwandeln, sind groß. Und hier gilt: Experimentieren ist erlaubt.

# Möhrenspätzle

### Zutaten

200 g Möhren

250 g Mehl

3–4 Eier

ca. 1/8 l Milch

Salz

Muskat

### Zubereitung

Die Möhren schälen, in Stücke schneiden und im Mixer zerkleinern. Die Möhrenmasse mit den Eiern, Mehl, Milch, Salz und Muskat zu einem Teig verrühren.

Die Spätzle ins kochende Salzwasser schaben.

### Dazu passt:

Möhrenspätzle passen gut als Beilage zu hellem Fleisch.

Als vegetarisches Gericht mit Käsesauce (Sahne erhitzen und beliebige Käsewürfel darin schmelzen lassen) und grünem Salat servieren.

Auch eine Kräuter-Quark-Sauce passt gut dazu: Dafür 1 kleine Zwiebel in etwas Butter glasig dünsten. 250 g Quark und 100 ml Milch unterrühren, salzen, pfeffern, mit etwas Zitronensaft und Zitronenschale würzen. Nicht kochen! Ein Bund gemischte Kräuter oder Wildkräuter fein hacken und unterrühren. Mit den Spätzle vermischen.

# Spinat-Spätzle

### Zutaten

250 g Mehl

4–5 Eier

100 g Spinat

Salz

Muskat

### Zubereitung

Spinat blanchieren und fein pürieren.

Mehl, Eier, Spinatpüree (mit wenig Flüssigkeit) und Gewürze zu einem glatten Teig schlagen und Spätzle ins kochende Salzwasser schaben.

### Dazu passt:

Spinatspätzle als Beilage zu Fleischgerichten, zu Kaninchen oder Fisch servieren.

Als vegetarisches Gericht mit Käsesauce anrichten.

Sehr gut schmecken auch Schinken-Käse-Spinatspätzle. Dafür ca. 120 g gekochten Schinken fein würfeln, in etwas Butter anbraten und mit den fertigen Spätzle mischen. 2 Eigelb mit 2 EL Sahne, 40 g geriebenem Käse, Salz und Pfeffer verrühren und schnell und gründlich unter die Spätzle ziehen.

### Variante:

Die Hälfte der Spinatmenge kann auch durch Bärlauch ersetzt werden.

# Tomatenspätzle

## Zutaten

250 g Spätzlemehl

4 Eier

500 g sehr reife Tomaten

2 Schalotten

1 Knoblauchzehe

1 kleines Bund Basilikum

Salz

Pfeffer

Cayennepfeffer

etwas Olivenöl

## Zubereitung

Die Schalotten und den Knoblauch fein hacken und in Olivenöl farblos anschwitzen. Tomaten würfeln, Basilikum hacken und dazugeben, würzen. Aufkochen lassen, aufmixen, durch ein Sieb passieren. Danach kräftig einkochen lassen, bis es fast die Konsistenz von Tomatenmark hat. Vorsicht, brennt leicht an!

Aus Mehl und Eiern einen Spätzleteig rühren, die abgekühlte Tomatenpaste untermischen und Spätzle schaben oder durch die Presse drücken.

## Dazu passt:

Tomatenspätzle sind der ideale Begleiter zu Piccata von Schweinefilet mit Basilikumsauce.

Sie passen aber auch gut zu Fischfilet.

## Variante:

Wem die selbstgemachte Tomatenpaste zu aufwändig ist, der kann als – allerdings nicht ganz so delikat schmeckenden – Ersatz auch 1–2 EL Tomatenmark mit etwas Knoblauchöl, Salz und Pfeffer vermischt unter den Spätzleteig rühren.

# Gemüsespätzle

### Zutaten

250 g Mehl

4 Eier

100 g Gemüse
(Lauch, Möhren, Sellerie)

etwas Wasser

Salz

### Zubereitung

Gemüse sehr fein würfeln und in etwas Salzwasser kurz garen, sodass es noch Biss hat. Auskühlen lassen.

Mehl, Eier, Gemüse und etwas Wasser zu einem Teig verarbeiten und Spätzle ins kochende Salzwasser schaben.

### Dazu passt:

Gemüsespätzle können als Beilage zu allen Fleischgerichten serviert werden, besonders gut passen sie z.B. zu gekochtem Tafelspitz.

Als vegetarisches Gericht mit Schnittlauch- oder Bärlauchsauce servieren.

### Varianten:

Je nach Geschmack und Saison kann man die Gemüsesorten variieren, sollte aber darauf achten, dass sie viel Eigengeschmack haben, wie z.B. Petersilienwurzel, Pastinaken oder Frühlingszwiebeln.

# Es muss nicht immer Weißmehl sein ...

Das normalerweise verwendete Weizenmehl Typ 405 kann natürlich auch durch andere Mehlsorten wie Hafer, Hirse, Grünkern oder Buchweizen ersetzt werden. Vollkornmehl enthält noch alle wesentlichen Bestandteile des Korns, wie Ballaststoffe, Vitamine und Mineralstoffe, die sich im Keimling und in der Schale des Getreidekorns befinden und die mit vermahlen werden.

Vollkornmehl hat allerdings – im Gegensatz zum hellen Weizenmehl – nur schwaches Klebereiweiß und ist daher etwas schwerer zu verarbeiten. Auch die Wassermenge muss individuell abgestimmt werden.

**Vollkornspätzle**
100 g Roggenvollkornmehl
150 g Weizenvollkornmehl
4 Eier
etwas Wasser
1 TL Schabzigerklee
Salz

**Haferspätzle**
200 g Hafervollkornmehl
50 g Weizenmehl
3 Eier
ca. $^{1}/_{8}$ l Wasser
evtl. 1 EL Tomatenmark

**Buchweizen-Spätzle**
100 g Buchweizenmehl
150 g Weizenmehl
3–4 Eier
ca. 100 ml Wasser
Salz

**Weizen-Dinkel-Spätzle**
100 g Vollkornweizenmehl
100 g Dinkelmehl
40 g Sojamehl
4 Eier
etwas Wasser
Salz, Kümmel, Koriander

**Dinkelspätzle**
250 g Dinkelmehl
3–4 Eier
Salz

Ein Teil Dinkel (ca. 50 g) kann auch durch Grünkern ersetzt werden, dem noch kernigen unreifen Dinkel, dem seine grünliche Farbe den Namen gegeben hat: geschrotet, für besonders kernige Spätzle, oder fein gemahlen.

**Hirsespätzle**
100 g Hirsemehl
150 g Weizenmehl
3 Eier
ca. 100 ml Milch
Salz

**Sojamehl-Spätzle ohne Ei**
250 g Weizenmehl
2–3 EL Sojamehl (evtl. vorher in Wasser anrühren)
ca. 200 ml Wasser
1 TL Backpulver

# Kürbisspätzle

### Zutaten

200 g Kürbis

400 g Mehl

4 Eier

Salz

etwas Wasser

### Zubereitung

Das Kürbisfleisch in Würfel schneiden. In kochendem Salzwasser etwa 20 Minuten weich kochen. Abgießen und fein pürieren. Abkühlen lassen und unter den aus Mehl, Eiern, Salz und etwas Wasser geschlagenen Spätzleteig mischen.

Teig ins kochende Salzwasser schaben, die Spätzle herausnehmen, abschrecken und abtropfen lassen.

### Dazu passt:

Als Beilage zu Fleischgerichten, vor allem zu Wild und Lamm, aber auch zu Fisch (besonders gut zu Seeteufel).

Als Sauce, z.B. zu Lamm, eine Ingwerjus servieren und mit gerösteten Kürbiskernen garnieren.

Für die Ingwersauce 1 EL Mehl in 1 EL Butter anschwitzen, mit Kürbiskochwasser aufgießen, etwas Roséwein, etwas gehackten Ingwer und Sahne dazugeben, mit Salz und Pfeffer abschmecken.

# Ingwerspätzle

## Zutaten

250 g Mehl

3 EL Parmesan

3 Eier

Salz

2–3 TL gehackter Ingwer

etwas Mineralwasser

30 g geschmolzene Butter

## Zubereitung

Alle Zutaten zu einem Teig schlagen (siehe Seite 40) und Spätzle ins kochende Salzwasser schaben.

## Variante:

Den Spätzleteig ohne Ingwer zubereiten. 2 EL gehackte Mandeln in einer Pfanne bräunen, den gehackten Ingwer und ca. 50 g Butter zufügen. Die fertigen Spätzle darin schwenken und servieren.

## Dazu passt:

Ingwerspätzle als Beilage zu Huhn, Kaninchen, Lamm servieren.

Für ein vegetarisches Hauptgericht die doppelte Menge Spätzle zubereiten und mit einer Zitronengrassauce und Kaiserschoten anrichten.

Für die Sauce Zitronengras mit gehackter Schalotte in Butter andünsten, mit etwas Weißwein ablöschen, Gemüsefond dazugießen und einkochen lassen, durch ein Sieb passieren, mit Sahne verfeinern und mit Salz und Pfeffer abschmecken.

Die Kaiserschoten blanchieren, der Länge nach in Streifen schneiden und unter die Spätzle mischen.

# „In Bayern müssen die Spätzle schwarz sein ..."

*– sagte sich Johann Britsch, der Wirt vom Finninger „Hirsch", und drückte am Neu-Ulmer Spätzlesmarkt das erste Mal mit Tintenfisch gefärbten Teig durch den Spätzleshobel in den Kochtopf. Seit 10 Jahren finden sich traditionell am Samstag vor Advent Köche, Gastwirte, Vereine und Verbände zusammen, um die schwäbische Spezialität in allen möglichen Variationen zu verkaufen. Ein Teil der Einnahmen wird für wohltätige Zwecke gespendet.*

*Die schwarzen Spätzle stehen im Landgasthof „Hirsch" in Finningen bei Neu-Ulm auch als besondere Spezialität auf der Speisekarte: „Schwarz-Rot-Gold" heißt das Gericht, bei dem Johann Britsch die Tintenfischspätzle mit Lachsfilet und Sauce Hollandaise kombiniert.*

Am 10. Neu-Ulmer Spätzlesmarkt gab es schwarze Spätzle mit roter Soß'.

# *Lachsfilet mit schwarzen Spätzle*

### Zutaten

4 Lachsfilets à 150 g
Öl oder Butter zum Anbraten
1 EL Weißwein, 3 Eigelb
250 g Butter
etwas Zitronensaft
Salz
Pfeffer

### Für die schwarzen Spätzle:

250 g Mehl, 4 Eier
1 Beutel Sepiatinte
ca. 20 ml Wasser
Salz

### Zubereitung

Für die Spätzle alle Zutaten vermischen und den Teig schlagen, bis er Blasen wirft. Vom Brett schaben oder durch einen Spätzlehobel ins kochende Salzwasser hobeln.

Für die Sauce Hollandaise den Wein und die Eigelb im Wasserbad cremig schlagen, die lauwarme Butter unter ständigem Schlagen langsam zulaufen lassen, mit Zitronensaft, Salz und Pfeffer abschmecken.

Die Lachsfilets ganz kurz anbraten und danach für ca. 10–15 Minuten auf einem Teller in den auf 80 °C vorgeheizten Backofen stellen. So behält der Lachs seine rote Farbe.

# Kartoffelspätzle

## Zutaten

4 Eier

160 g Mehl

160 g gekochte Kartoffeln

evtl. etwas Wasser

Salz

Muskat

frischer Majoran

## Zubereitung

Eier und Mehl mit den durchgedrückten Kartoffeln vermischen, die Gewürze dazugeben. In das kochende Salzwasser schaben oder durch eine Presse drücken. Wenn die Spätzle obenauf schwimmen, herausnehmen, abtropfen lassen.

Die Kartoffelspätzle mit in Butter gebräunten Semmelbröseln oder mit gerösteten Zwiebelringen servieren.

## Tipp

Die Kartoffeln bereits am Vortag nicht zu weich kochen und anschließend kühl und trocken aufbewahren.

## Dazu passt:

Kann zu allen Fleischgerichten serviert werden, besonders gut passen die Kartoffelspätzle zu Lammfleisch.

Als vegetarisches Gericht mit grünem Salat servieren.

# Wurstspätzle

## Zutaten

500 g Mehl

5 Eier

ca. $^{1}/_{4}$ l Wasser

Salz

etwas Majoran

1 kleine Zwiebel

etwas Butter

300 g gerauchte Schinkenwurst

## Zubereitung

Mehl, Eier Wasser und Gewürze zu einem Spätzleteig verarbeiten (siehe Seite 40).

Die Schinkenwurst sehr fein würfeln. Fein gehackte Zwiebel in Butter anschwitzen.

Wurstwürfelchen und abgekühlte Zwiebeln unter den Teig mischen.

Die Spätzle ins kochende Salzwasser schaben.

## Dazu passt:

Wurstspätzle können in der Brühe serviert werden oder man richtet sie mit Kartoffelsalat und Sauerkraut an.

## Variante:

Statt gerauchter Schinkenwurst kann man auch andere Wurstsorten, Schinken oder Bratenreste verwenden.

## Der Spätzles-Weg

*Spätzle sind ja, neben Maultaschen, wichtige Repräsentanten der schwäbischen Kulturlandschaft. Und so gibt es auf der Schwäbischen Alb nicht nur einen Maultaschen- sondern auch einen Spätzles-Wanderweg, der von Bad Urach über Münsingen, durch das Lautertal nach Marbach und über Offenhausen und Gächingen wieder zurück nach Bad Urach führt. Jeweils 20 bis 25 Kilometer werden dabei in 3 Tagestouren zurückgelegt. Und der kulinarische Höhepunkt, der die Wanderer am Ende jeder Station erwartet: Spätzle in vielen Variationen.*

*Und auf dem Spätzles-Weg gibt's natürlich auch mal Knöpfle, wie dieses Rezept zeigt, das Eugen Frank vom „Flair Hotel Frank Vier Jahreszeiten" in Bad Urach, dem Start- und Zielort der Wanderung, beigesteuert hat.*

## *Uracher Kräuterknöpfle*

### Zutaten

200 g Weißbrot
200 g Milch
50 g Zwiebelwürfel
je 1 kleines Bund Petersilie, Kerbel, Schnittlauch
4 Eier
200 g Mehl
50 ml Wasser
Salz, Muskat
etwas Butter oder Margarine

### Zubereitung

Das Weißbrot würfeln, mit Milch, in etwas Butter angedünsteten Zwiebelwürfeln, den gehackten Kräutern und 2 Eiern verrühren.

Mehl, Wasser, 2 Eier und Salz und Muskat zu einem glatten Teig verrühren, mit der Weißbrotmasse vermengen und abschmecken. Mit einem Teelöffel kleine Knöpfle abstechen und in Salzwasser ca. 5 Minuten kochen lassen, herausnehmen, kalt abschrecken. Vor dem Servieren in etwas Butter oder Margarine anbraten.

# *Wildschweinsteak an Rosmarinsauce mit Pfifferlingen und Rosenkohl*

## Zutaten

600 g Wildschweinrücken
200 g Wildknochen
100 g Zwiebel
100 g Röstgemüse (Karotte, Lauch, Sellerie)
1 TL Tomatenmark
1/4 l Rotwein (Trollinger)
Wacholder, Lorbeer, Nelke, Pfeffer
1 Zweig Rosmarin
30 g Mehl
1 l Brühe
250 g Pfifferlinge
1 Schalotte
80 g Butter
etwas Petersilie

600 g Rosenkohl
50 ml Sahne
Salz, Pfeffer
etwas Öl zum Braten

## Zubereitung

Den Wildschweinrücken in 8 gleich große Steaks schneiden.

Für die Sauce die Knochen mit gewürfelten Zwiebeln und Röstgemüse in heißem Öl kurz anbraten, Tomatenmark zugeben, mit Rotwein ablöschen, einkochen lassen, Gewürze und Mehl zugeben, mit Brühe auffüllen und ca. 1 Stunde köcheln lassen. Durch ein Sieb passieren.

Pfifferlinge putzen, mit der fein gehackten Schalotte in 30 g Butter anbraten, gehackte Petersilie dazugeben und würzen.

Rosenkohl in Salzwasser garen. Restliche Butter und Sahne aufkochen, Rosenkohl zugeben und würzen.

Die Steaks würzen und in Öl leicht rosa braten. Mit dem Gemüse und den Uracher Kräuterknöpfle anrichten und mit der Sauce umgießen.

# Haselnussknöpfle

## Zutaten

250 g Spätzlemehl

4 Eier

2 TL Nutella

50 g geriebene Haselnüsse

etwas Milch

Salz

Muskat

## Zubereitung

Mehl, Eier, Nutella und die geriebenen Haselnüsse mit der Milch und den Gewürzen zu einem glatten Teig verarbeiten.

Die Knöpfle ins kochende Salzwasser drücken oder hobeln.

## Was dazu passt:

Haselnussknöpfle sind der ideale Begleiter zu Wildgerichten, wie zum Beispiel zu dem Rehrückenfilet auf Seite 105.

## Varianten:

Für eine süße Dessert-Variante der Nussspätzle nimmt man einfach etwas mehr Nutella.

Die Haselnüsse können auch, je nach Gericht, durch andere Nüsse wie Walnüsse oder Macadamianüsse ersetzt werden. In diesem Fall kein Nutella zugeben.

# Mohnspätzle

## Zutaten

250 g Spätzlemehl

4 Eier

2 EL Mohnsaat

Salz

Muskat

1 El Blaumohnöl

evtl. etwas Wasser oder Milch

## Zubereitung

Die Mohnsaat fein mahlen (in der Kaffeemühle oder im Reformhaus mahlen lassen), Mehl, Eier, Gewürze und Blaumohnöl dazugeben und alles zu einem geschmeidigen Teig schlagen.

Salzwasser erhitzen und Spätzle portionsweise hineinschaben, herausnehmen und abtropfen lassen.

## Dazu passt:

Mohnspätzle passen besonders gut zu Wild und Wildgeflügel. Sie sind auch als süße Dessert-Variante geeignet. In diesem Fall etwas Zucker zugeben und nur eine kleine Prise Salz verwenden.

## Alternative:

Normale Spätzle kochen (Rezept siehe Seite 40), abtropfen lassen und in fertig gekaufter Mohnpaste schwenken. Besonders für Desserts geeignet, da die Mohnpaste gesüßt ist. Mit Vanillesauce und Walnusseis servieren.

# *Süße Spätzle & Knöpfle*

*Für die süßen Dessertvarianten eignen sich vor allem Spätzle oder Knöpfle, die mit Milch, Quark oder Joghurt hergestellt sind. Wie z.B. die Quarkknöpfle von Seite 94, mit Zucker und Zimt bestreut und mit Apfelmus oder -kompott serviert.*

## Joghurtspätzle

### Zutaten

300 g Mehl

2 Eier

Salz

150 g Joghurt

40 g Butter

Zimt und Zucker

### Zubereitung

Mehl, Eier, Salz und Joghurt zu einem geschmeidigen Teig verrühren und ins kochende Salzwasser schaben. Herausnehmen und abtropfen lassen.

Butter zerlaufen lassen, Spätzle darin anbraten, mit Zimt und Zucker bestreuen. Mit Beeren oder Obst der Saison servieren. Besonders gut passen Aprikosen. Dafür etwas Zucker in einer Pfanne karamellisieren, mit etwas Aprikosenlikör ablöschen, etwas Weißwein und Wasser angießen, Aprikosen in Spalten schneiden, dazugeben und kurz erhitzen.

## Mohnspätzle mit pochierten Pflaumen in Portweinsauce

Die Mohnspätzle nach Rezept (siehe Seite 79) zubereiten oder normale Spätzle mit Mohnpaste und eventuell etwas Zucker in Butter schwenken.

### Zutaten für die Sauce

400 g Pflaumen

30 g Zucker

1/2 l Rotwein

120 ml Portwein

50 ml Grenadine

1 Zimtstange

5 Nelken

### Zubereitung

Pflaumen halbieren, entsteinen und mit dem Zucker im Rotwein pochieren.

Für die Sauce 1/4 l des Weins mit Portwein, Grenadine und Gewürzen aufkochen, nach 10 Minuten die Zimtstange und die Nelken herausnehmen und die Sauce sirupartig einkochen lassen.

## Apfelspätzle

### Zubereitung

Die Spätzle nach Rezept (siehe Seite 40) zubereiten.

3–4 Äpfel schälen, in Scheiben schneiden und in Butter andünsten. Spätzle ebenfalls in Butter anrösten, mit den Äpfeln mischen. Mit Zucker und Zimt bestreuen.

Eine wohlschmeckende Variante: Die gedünsteten Äpfel mit etwas Calvados ablöschen und süße Sahne angießen. Spätzle mit etwas gemahlenem Mohn in Butter anbraten und mit der Apfelsauce servieren.

# „Spätzialitäten“

Ihren schlechten Ruf als Arme-Leute-Essen

haben sie längst verloren.

Spätzle und ihre Verwandten,

die Knöpfle, spielen nicht nur eine Hauptrolle

als die Beilage schlechthin, auch die Haute Cuisine

erweist der schwäbisch-alemannischen

Leibspeise mit ausgefallenen Kreationen

ihre Reverenz, wie die Rezepte

auf den folgenden Seiten beweisen.

# *Lauwarmer Salat von Linsen und Knöpfle mit gebratenen Wachtelbrüstchen*

**Zutaten für 4 Personen**

50 g rote Linsen
50 g grüne Linsen
50 g graue Linsen
4 Scheiben gerauchter Bauch
$1/2$ l Fleischbrühe
100 ml Olivenöl
50 ml Balsamicoessig
1 Msp. Senf
Salz, Pfeffer, Zucker
12 Wachtelbrüstchen mit Haut und Flügelknochen
2 Schalotten
100 g Linsensprossen
1 EL gehackte Petersilie
etwas Öl oder Butterschmalz zum Braten
600 g Knöpfle (Rezept siehe Seite 40)

**Zubereitungszeit: ca. 1 Stunde**

Die drei verschiedenen Linsen getrennt in der Brühe weich kochen.

Den Speck in ca. 1 cm breite Streifen schneiden und knusprig braten.

Aus Olivenöl, Balsamico, 2 EL Brühe, Senf, Salz, Pfeffer und etwas Zucker eine Vinaigrette herstellen.

Die Wachtelbrüstchen in der Pfanne langsam braten, bis sie fast durch sind.

Knöpfle nach Rezept zubereiten.

In einer Schwenkpfanne die fein gewürfelten Schalotten in etwas Olivenöl farblos anschwitzen und von der Herdplatte nehmen. Linsen, Knöpfle, Linsensprossen, Speck, Petersilie und die Vinaigrette dazugeben und gut durchschwenken.

Auf Tellern anrichten, mit Speckstreifen und Kräutern garnieren und die Wachtelbrüstchen anlegen.

# *Pesto-Spätzle mit Langostinos im Frühlingsrollenteig*

**Zutaten für 4 Personen**

Für die Pesto-Sauce:
50 g Blattpetersilie
50 g Basilikumblätter
50 g Pinienkerne
20 g Parmesan, fein gerieben
100 ml Olivenöl
2 EL weißer Balsamicoessig
Salz, Pfeffer aus der Mühle

Für den Spätzleteig:
150 g Mehl
3 Eier
Salz

Für die Langostinos:
4 große Langostinos
1 Knoblauchzehe
4 Blätter Frühlingsrollenteig
1 Eiweiß
Olivenöl
Salz, Pfeffer
etwas Zitronensaft

**Zubereitungszeit: ca. 50 Minuten**

Für die Pestosauce alle Zutaten im Mixer zu einer schaumigen Sauce aufmixen und abschmecken.

Spätzleteig zubereiten (siehe Seite 40) und feine Spätzle ins Salzwasser schaben. Herausnehmen, abschrecken und abtropfen lassen.

Die Langostinos aus der Schale brechen, kalt abspülen und würzen. Die Knoblauchzehe fein zerreiben und 1 Messerspitze auf den Langostinos verteilen.

Aus dem Frühlingsrollenteig runde Blätter ausstechen (ca. 8 cm Durchmesser) und kleine Nester frittieren. Die Reste des Teigs in sehr feine Streifen schneiden. Eiweiß mit dem Schneebesen verschlagen, die gewürzten Langostinos zuerst in Eiweiß wenden und anschließend in den Streifen wälzen. Kurz frittieren (bei 160 °C ca. 1 Minute), die Langostinos müssen innen noch glasig sein.

Die Spätzle in einer Pfanne leicht erwärmen, mit der Pestosauce marinieren und im Nest anrichten. Langostinos anlegen, mit Kirschtomaten, Pestosauce und Basilikum garnieren.

*Ein Rezept von Sterne-Koch* FRANZ FECKL, *mit dem er seine Gäste im „Landhaus Feckl“ in Ehningen, in der Nähe von Stuttgart, verwöhnt.*

*2-Sterne-Spätzle von HANS-PAUL STEINER – gebürtiger Schwabe aus dem Remstal –, die er in seinem „Hirschen“ in Sulzburg, einer der ersten kulinarischen Adressen Deutschlands, serviert.*

# *Trüffelspätzle mit Coquilles St. Jacques und Trüffelbutter*

### Zutaten für 4 Personen

12 Jakobsmuscheln in der Schale
1 Schalotte
80 g Butter
50 ml Trüffelsaft
1/4 l Riesling (bis 4 g Restsüße)
20 g Trüffel für die Sauce
40 g rohe Trüffel zum Hobeln
Salz, Pfeffer, Zucker

Für die Spätzle
125 g Mehl Typ 405
125 g Dunst
12 kleine Eigelb
3 kleine Eier
1 Trüffel (ca. 40 g)
2 EL Olivenöl
Salz

### Zubereitungszeit: ca. 70 Minuten

Die Eier für die Spätzlezubereitung über Nacht mit den rohen Trüffeln in einem geschlossenen Gefäß aufbewahren. Die Eigelb erst danach trennen.

Eigelb, Eier, Trüffel und Olivenöl im Mixer fein mixen und mit Mehl und Dunst zu einem glatten Spätzleteig verarbeiten. Spätzle möglichst dünn ins kochende Wasser schaben, herausnehmen, kurz kalt abschrecken, abtropfen lassen, auf eine Platte geben und leicht einölen. Die Jakobsmuscheln aus der Schale nehmen und säubern. Die Muschelnüsschen unter fließendem Wasser reinigen, abtrocknen, die Bärte reinigen und 15 Minuten wässern.

Für die Sauce 1 TL Butter schmelzen, die gehackte Schalotte darin anschwitzen, die abgetropften Muschelbärte dazugeben, steif werden lassen, mit dem Riesling angießen und 20 Minuten köcheln lassen. Passieren und den so erhaltenen Fond um 1/3 einkochen. Trüffelsaft dazugeben und nochmals um 1/3 einkochen. 20 g gehackte Trüffel zugeben, aufkochen und mit ca. 50 g Butter aufmixen. Beiseite stellen. Die Jakobsmuscheln jeweils quer in 3 Scheiben schneiden, mit Salz, Pfeffer und Zucker würzen und in einer heißen Teflonpfanne mit einem Tropfen Olivenöl kurz auf einer Seite bräunen, umdrehen und sofort herausnehmen.

Spätzle mit etwas Butter anschwenken und mit Hilfe eines Ausstechers (Durchmesser ca. 8 cm) als runden Timbal anrichten. Trüffel in dünne Scheiben hobeln, auf die Spätzle geben, die Jakobsmuschelscheiben darauf legen und mit der noch mal schaumig gemixten Trüffelbutter umgießen

# *Cordon bleu von Sepia*
# *mit schwarzen Chili-Spätzle und Petersilien-Nage*

### Zutaten für 4 Personen

Für die Spätzle
500 g Mehl
7 Eier
1 Beutel Sepiatinte
2 rote Chilischoten
50 ml Wasser
Salz, etwas Olivenöl

Für die Petersilien-Nage
1 Schalotte
100 ml Chardonnay
100 ml Geflügelfond
1 Bund Blattpetersilie
250 ml Sahne
60 g Butter
Salz, Pfeffer

Für das Cordon bleu
120 g Hinterschinken
120 g junger Gouda
500 g Sepia, geputzt
60 g Mehl
2 Eier
125 g Paniermehl
Pflanzenöl zum Frittieren
Salz und Pfeffer aus der Mühle
8 Schaschlikspieße

### Zubereitungszeit: ca. 70 Minuten

Für die Spätzle das Mehl in eine Schüssel sieben. Eier, Sepiatinte, etwas Salz und Wasser dazugeben. Chilischoten der Länge nach halbieren, Kerngehäuse entfernen, sehr fein würfeln, ebenfalls zugeben, zu einem glatten Teig schlagen und Spätzle ins kochende Salzwasser schaben, herausnehmen, abschrecken, mit etwas Olivenöl beträufeln.

Für die Petersilien-Nage die Schalotte fein würfeln, in etwas Butter glasig schwitzen, mit Weißwein und Geflügelbrühe ablöschen und bei mittlerer Hitze ca. $^1/_3$ reduzieren. Die fein gehackte Petersilie und die flüssige Sahne zugeben und ca. 5 Minuten einköcheln assen. Die in Würfel geschnittene eiskalte Butter mit einem Pürierstab untermixen, mit Salz und Pfeffer würzen.

Für das Cordon bleu den Schinken vom Metzger in $^1/_2$ cm dicke Scheiben schneiden lassen, anschließend in 2,5 x 2,5 cm große Quadrate schneiden und zur Seite stellen. Den Gouda und die frisch geputzte Sepia ebenfalls in gleicher Größe wie den Schinken schneiden. Immer abwechselnd ein Stück Sepia, Käse und Schinken auf die Schaschlikspieße stecken. Auf jedem Spieß sollten mindestens 3 Stück von jeder Zutat sein. Anschließend in Mehl wenden, durch die verquirlten Eier ziehen, im Paniermehl wenden und leicht andrücken. In Öl bei ca. 160 °C goldgelb frittieren.

Die Spätzle in Butter anschwenken, mit Salz abschmecken. Mittig auf dem Teller anrichten, die Petersilien-Nage rundherum geben, je 2 Spieße auf die Spätzle setzen und mit etwas Petersilie garnieren.

*Die etwas anderen Spätzle – eine Kreation von* STEFFEN SONNENWALD, *einem der „Jungen Wilden“, der neuen Generation von Deutschlands Starköchen.*

# *Gebratener Zander auf Rieslingkraut mit Schalottenspätzle*

**Zutaten für 4 Personen**

600 g Zanderfilet mit Haut
500 g Sauerkraut
1 Zwiebel
50 g Butter
$^1/_4$ l Riesling
$^1/_8$ l Wasser
1 Gewürzsäckchen (10 Wacholderbeeren, 10 Pfefferkörner, 1 Lorbeerblatt, 1 Msp. Kümmel)
1 Stück geräuchte Schwarte
1 Kartoffel
Salz, Pfeffer, Zucker
etwas Butterschmalz

Für die Sauce
1 Schalotte
1 EL Butter
$^1/_8$ l Riesling
250 ml Fischfond
200 ml Sahne
Salz, Pfeffer

Für die Schalottenspätzle
250 g Mehl
4 Eier
3 Schalotten
ca. 30 ml Wasser
Salz, Pfeffer

**Zubereitungszeit: ca. 70 Minuten**

Das Zanderfilet waschen, trockentupfen und in 8 Filets à 75 g schneiden

Das Sauerkraut in einen Durchschlag geben und kalt abspülen. In einem Topf die Hälfte der Butter schmelzen, Zwiebel fein schneiden und anschwitzen. Speckschwarte kurz mitschwitzen, Sauerkraut, die Hälfte des Wassers und Weins und das Gewürzsäckchen dazugeben und langsam ca. 40 Minuten köcheln lassen. Nach und nach Wasser und Wein nachfüllen. Kurz vor Ende der Garzeit die geschälte rohe Kartoffel fein reiben und unterrühren. Die Flüssigkeit sollte ganz gebunden sein. Mit Salz, Pfeffer, Zucker abschmecken, restliche Butterflocken unterrühren.

Für die Sauce die Schalotte fein würfeln und in Butter andünsten. Wein und Fischfond angießen, um die Hälfte reduzieren. Sahne zugeben, cremig einkochen lassen und schaumig aufmixen.

Das Zanderfilet auf der Hautseite langsam in Butterschmalz braten, zwischendurch mit dem Fett übergießen.

Für die Spätzle Mehl und Eier in eine Schüssel geben. Schalotten fein würfeln und in Butter dünsten. Abkühlen lassen und zum Mehl geben, Wasser, Salz und Pfeffer zugeben und zu einem glatten Teig schlagen. Vom Brett ins kochende Salzwasser schaben.

Zanderfilets auf den Schalottenspätzle anrichten, mit der Sauce umgießen und eventuell mit in Butter goldbraun geschmälzten Schalotten garnieren.

# *Quarkknöpfle mit Petersilienpüree und Karotten-Champagner-Sauce*

**Zutaten für 4 Personen**

Für das Petersilienpüree
150 g Petersilie
1 kleine Knoblauchzehe
2 EL Wasser
1 TL Crème fraîche
Salz, Pfeffer

Für die Karotten-Champagner-Sauce
4 Karotten, 4 Schalotten
150 g Butter
1 Thymianzweig
1 Lorbeerblatt
150 ml trockener Weißwein (Grauburgunder)
ca. 100 ml Geflügel- oder Gemüsefond
100 ml Sahne
80 ml Champagner oder trockener Sekt
Salz, Pfeffer, Zucker

Für die Knöpfle
450 g Mehl
500 g Quark (40 %)
6–8 Eier, je nach Größe
Salz, Pfeffer, Muskat
$^1/_2$ Päckchen Backpulver

**Zubereitungszeit: ca. 1 Stunde**

Petersilie zupfen, waschen und in einen Topf geben. Geschälten Knoblauch, etwas Salz, Pfeffer und 2 EL Wasser dazugeben und abgedeckt ca. 10 Minuten garen. Garsud abgießen, Petersilie mit dem Pürierstab sehr fein pürieren, eventuell nachwürzen. Vor dem Servieren mit Crème fraîche verfeinern.

Für die Sauce die Karotten und Schalotten schälen; die Karotten in Stücke schneiden, mit wenig Wasser, einer Prise Zucker und Salz ca. 20–30 Minuten garen. Danach ohne Flüssigkeit mit der Butter fein pürieren.

Die Schalotten in feine Scheiben schneiden, in einer Kasserolle mit Weißwein, Thymian und Lorbeerblatt ca. 20 Minuten bei kleiner Hitze garen, auf ein Drittel einkochen lassen und passieren.

Geflügel- oder Gemüsefond in einer Kasserolle zum Kochen bringen. Karottenpüree, Wein-Schalotten-Mischung und Sahne zugeben, mit einem Schneebesen schaumig schlagen. Mit Salz und Pfeffer eventuell nachwürzen. Kurz vor dem Anrichten Champagner oder Sekt in die warme Sauce rühren.

Für die Knöpfle alle Zutaten zu einer glatten Masse verrühren (siehe Seite 40) und den Teig durch den Hobel oder das Model in kochendes Salzwasser drücken.

Das Petersilienpüree als Nocke anrichten oder große ausgehöhlte Champignonköpfe damit füllen und mit den Knöpfle und der Sauce servieren.

*2-Sterne-Koch* CHRISTIAN BEGYN, *der seine Kunst seit einigen Jahren in Kochkursen für Feinschmecker vermittelt, hat ein vegetarisches Knöpfle-Gericht der besonderen Art beigesteuert.*

ULRICH SCHILLING *vom „Waldhorn" in Bebenhausen hat enge Verwandte – Spätzle und „Urknöpfle" – zu einem köstlichen Gericht komponiert.*

# *Bärlauchspätzle mit Leberknödel*

**Zutaten für 4 Personen**

Für die Spätzle:
2 Eier
4 Eigelb
280 g Mehl
15 g Grieß
1 EL Olivenöl
etwas Butter
Salz, etwas Muskatnuss

Für die Bärlauchpaste:
1 kleines Bund Petersilie
1 Bund Bärlauch
ca. 250 g Sauerrahm
Salz

Für die Knödel:
1 Zwiebel
1 Knoblauchzehe
2 EL Butter
50 g Petersilie, gehackt
1 Majoranzweig, gehackt
Salz, Pfeffer
200 g Kalbsleber
1 Brötchen, in wenig Milch eingeweicht
1 Ei
1 Rührei
80 g geröstete Brotwürfel
Kalbsjus
Röstzwiebel für die Garnitur

**Zubereitungszeit: ca. 70 Minuten**

Für die Bärlauchpaste alle Zutaten in der Moulinette zu einem dicken Brei pürieren.

Die Spätzle-Zutaten in eine Schüssel geben, mit der Bärlauchpaste zu einem glatten Teig verarbeiten (siehe Seite 40) und Spätzle in kochendes Salzwasser schaben. Herausnehmen, in kaltem Wasser abschrecken, abtropfen lassen und auf einem eingeölten Blech zur Seite stellen.

Für die Knödel Zwiebel und Knoblauch hacken und in Butter glasig dünsten, salzen und pfeffern. Petersilie und Majoran hacken und zugeben, die Mischung vom Feuer nehmen und abkühlen lassen.

Die Kalbsleber mit der abgekühlten Zwiebel-Kräuter-Mischung durch den Fleischwolf drehen und mit dem eingeweichten und ausgedrückten Brötchen, dem Ei und Rührei vermischen. Die Brotwürfel zugeben und mit Salz und Pfeffer abschmecken. Nicht zu große Nocken formen und in siedendem Salzwasser ca. 10–12 Minuten ziehen lassen.

Die Spätzle in einer beschichteten Pfanne mit Butter anschwenken und würzen, die Knödel aus dem Salzwasser nehmen und auf den Spätzle anrichten. Heiße Kalbsjus angießen und mit Röstzwiebeln garnieren.

Für eine selbst gemachte Kalbsjus Kalbsknochen und eventuell Fleischabschnitte mit Wurzelgemüse anrösten, mit Wasser aufgießen und langsam kochen lassen. Abschäumen, entfetten und durch ein Sieb passieren.

# *Geröstete Kalbskopfspätzle auf Lauchgemüse mit glaciertem Bries und Trüffeljus*

### Zutaten für 6 Personen

24 hauchdünne Scheiben Kalbskopfterrine
350 g Herzkalbsbries
180 g Lauch
250 ml Sahne
25 g Butter
etwas Mehl
Salz, Pfeffer

Für die Spätzle:
500 g Dunstmehl
8 Eier von glücklichen schwäbischen Landhühnern
Salz

Für die Trüffeljus:
40 g Perigord-Trüffel
40 g Butter
100 ml Madeira
200 ml Kalbsfond

### Zubereitungszeit: ca. 3,5 Stunden

Für die Kalbskopfterrine wird der halbierte Kalbskopf am Knochen mit 2 Kalbszungen, Wurzelgemüse, Zwiebel, Pfefferkörnern, Lorbeerblatt in Kalbsfond ca. $1^1/_2$ bis 2 Stunden geschmort. Danach das Fleisch ablösen, sauber putzen und mit Senf, Meerrettich, Pfeffer und Meersalz abschmecken und in eine Terrinenform pressen. Wenn das Fleisch erkaltet ist, in dünne Scheiben schneiden. Das Kalbsbries parieren und gut wässern.

Mehl, Eier und Salz zu einem geschmeidigen Teig schlagen und dünne Spätzle ins kochende Salzwasser schaben. Herausnehmen und abschrecken. Die Spätzle in einer beschichteten Pfanne knusprig rösten. Die Kalbskopfscheiben ebenfalls rösten.

Lauch rautenförmig schneiden, in etwas Butter andünsten. Sahne zugeben, einkochen lassen. Der Lauch sollte noch leichten Biss haben.

Die Spätzle und die Kalbskopfchips auf einem Teller mit Hilfe eines Metallringes schichtweise einsetzen. Ring vorsichtig abziehen.

Für die Trüffeljus die Trüffel in kleine Würfel schneiden und kurz in etwas Butter braten, mit Sherry ablöschen und reduzieren, Kalbsfond angießen und einkochen lassen. Mit 30 g kalter Butter binden.

Das Bries trockentupfen, würzen, in Mehl wenden und in Butter braten, mit Salz und Pfeffer würzen.

Lauch und Bries mit den Kalbskopfspätzle anrichten und mit Trüffeljus nappieren. Als Garnitur Selleriemus servieren.

*Bei Sterne-Koch* ROLF STRAUBINGER *vom „Burgrestaurant Staufeneck" sind Spätzle und Kalbskopfchips eine aufregende Liaison eingegangen.*

# *Kalbsmedaillons mit Sherryrahmsauce und Steinpilzknöpfle*

## Zutaten für 4 Personen

8 Stück Kalbsfilet à 80 g
2 Schalotten
etwas Butter
100 ml Sherry
100 ml brauner Kalbsfond
200 ml Sahne oder Crème double
Salz, Pfeffer
Butterschmalz zum Braten
frittierte Karottenstreifen als Garnitur

Für die Knöpfle
250 g Mehl
4 Eier
40 g getrocknete Steinpilze
1 EL gehackte Petersilie
Salz, Pfeffer
etwas Butterschmalz

## Zubereitungszeit: 70 Minuten

Für die Knöpfle Mehl und Eier zu einem Teig verrühren, wenn er zu fest ist, 1–2 EL Wasser zugeben.

Die Steinpilze einweichen, fein würfeln und in Butterschmalz kurz heiß anbraten, salzen und pfeffern, auskühlen lassen und mit der gehackten Petersilie unter den Teig mischen. Knöpfle ins kochende Salzwasser hobeln.

Die Kalbsmedaillons würzen, in Butterschmalz von beiden Seiten anbraten, aus der Pfanne nehmen, auf ein Backblech setzen und anschließend im vorgeheizten Backofen bei 140 °C ca. 10 Minuten fertig garen.

In die Pfanne etwas Butter geben, die fein gehackten Schalotten darin anschwitzen, mit Sherry ablöschen, Kalbsfond zugeben und auf die Hälfte reduzieren. Mit Sahne auffüllen, die Sauce auf die gewünschte Konsistenz einkochen lassen, mit Salz, Pfeffer und Sherry abschmecken, durch ein Sieb passieren. Vor dem Servieren schaumig aufmixen.

Die Steinpilzknöpfle in Butter anschwenken, mit den Medaillons anrichten, mit der Sauce nappieren und mit feinen frittierten Karottenstreifen garnieren.

# *Gemüsespätzle mit Kalbskutteln und Trüffelsauce*

### Zutaten für 6 Personen

500 g Kalbskutteln
750 ml Kalbsfond
100 ml Weißwein
1 Bouquet garni
1 Gewürzsäckchen (Lorbeer, Nelke, Piment, Pfefferkörner)
50 ml Sahne, 30 ml Crème double
1 Eigelb, etwas Zitronensaft
Salz, Pfeffer, Muskat
120 g Gemüsejulienne
1 kleines Bund Blattpetersilie
Fett zum Frittieren

Für die Spätzle:
250 g Weizenmehl bzw. -dunst
50 g Grießmehl, 4 Eier, 2 Eigelb
Salz, Muskat, etwas Wasser
75 g Gemüse (Karotte, Lauch, Sellerie, Champignons)
1 EL Kerbel und Petersilie, gehackt
30 g Butter

Für die Trüffelsauce:
30–40 g Trüffelwürfel
100 ml Kalbsjus, 50 ml Trüffelsaft
30 ml weißer Portwein
20 ml Madeira
30 g Butter, Salz, Pfeffer

### Zubereitungszeit: ca. 70 Minuten

Kalbskutteln sehr gut putzen, 2- bis 3-mal blanchieren, in feine Streifen schneiden und in Kalbsfond mit Wein, Bouquet garni und Gewürzsäckchen weich kochen. Auf ein Sieb schütten, Gemüse und Gewürze entfernen.

Den Kuttelfond mit Sahne und Crème double auf ca. 100 ml einkochen, mit Eigelb binden, mit Salz, Pfeffer, Zitronensaft abschmecken. Abgedeckt warm stellen.

Für die Gemüsespätzle Mehl, Eier und Gewürze zu einem glatten Teig schlagen, ca. 10 Minuten ziehen lassen. Gemüse sehr fein würfeln, in etwas Kalbsfond weich dämpfen, abtropfen und trocknen lassen, mit den gehackten Kräutern unter den Teig mischen. Spätzle ins kochende Salzwasser schaben, herausnehmen, kalt abschrecken und abtropfen lassen.

Für die Trüffelsauce Kalbsjus, Trüffelsaft, Portwein und Madeira auf ca. 100 ml einkochen lassen, mit Butter binden und abschmecken. Für die Garnitur Petersilienblätter und blanchierte Gemüsejulienne kurz in heißem Fett frittieren, leicht salzen und auf Küchenkrepp abtropfen lassen.

Kuttelsauce erhitzen, aufmixen, Kuttelstreifen darin erwärmen, abschmecken. Spätzle in Butter schwenken.

Metallring (Durchmesser ca. 8 cm) auf den Teller setzen, abwechselnd Spätzle und Kutteln einfüllen, kurz stehen lassen, Ring vorsichtig abziehen. Trüffelsauce mit Trüffelwürfeln vermischen, um das Gericht gießen, mit frittierten Gemüsestreifen und Petersilie garnieren.

*Ein Lieblingsrezept von 2-Sterne-Koch MARTIN ÖXLE, Patron der „Speisemeisterei“ am Schloss Hohenheim bei Stuttgart, der als Schwabe natürlich ein besonders inniges Verhältnis zu Spätzle hat.*

# *Rehrückenfilet im Steinpilzmantel mit Nussknöpfle*

**Zutaten für 4 Personen**

500 g Rehrückenfilet
Wacholder, Pfefferkörner, Lorbeer, Thymian
200 g Steinpilze
etwas Butterschmalz
2 Schalotten
20 g Butter
etwas Cognac
150 g Kalbfleisch
100 ml Sahne
1 Schweinenetz
Salz, Pfeffer
etwas Öl zum Braten
etwas Petersilie

Für die Sauce

800 g gehackte Rehknochen
200 g Röstgemüse (Lauch, Sellerie, Möhren), 1 Zwiebel
1 TL Tomatenmark
1/2 l Rotwein
1/2 l brauner Wildfond
Lorbeerblatt, Nelken, Pfefferkörner, Wacholderbeeren
Salz, Pfeffer
Öl zum Anbraten

Knöpfle aus 250 g Mehl

**Zubereitungszeit: ca. 2 Stunden**

Das Rehfilet mit zerstoßenen Wacholder- und Pfefferkörnern, Thymian und Lorbeer einreiben und ca. 1 Stunde (besser über Nacht) marinieren. Danach würzen und von allen Seiten anbraten. Auskühlen lassen.

Für die Sauce die Knochen in heißem Öl anbraten, klein gewürfeltes Röstgemüse, Zwiebelwürfel, Tomatenmark und Gewürze zugeben, gut anrösten. Nach und nach mit Wein und Wildfond (oder Wasser) auffüllen, ca. 1 Stunde leise köcheln lassen. Durch ein Sieb passieren und einkochen lassen. Mit Salz und Pfeffer abschmecken, eventuell mit etwas Crème fraîche binden und aufmixen.

Die Steinpilze würfeln, in Butterschmalz heiß anbraten, Temperatur reduzieren, Butter, klein gehackte Schalotten und Blattpetersilie zugeben, kurz mitschwitzen, mit Cognac ablöschen und erkalten lassen. Für die Farce das gut gekühlte Kalbfleisch würfeln, im Mixer pürieren, Sahne zugeben, mit Salz und Pfeffer würzen, mit den abgekühlten Pilzen vermischen.

Das gewässerte Schweinenetz ausbreiten, die Pilzfarce dick aufstreichen, das Rehfilet darauf legen, mit der restlichen Farce bestreichen und in das Netz wickeln. Würzen und in heißem Öl ca. 10 Minuten braten. Mit Alufolie bedecken und 5–10 Minuten ruhen lassen.

Die Knöpfle nach Rezept (siehe Seite 40) zubereiten.

Rehfilet aufschneiden, mit den Spätzle und der Sauce anrichten. Eventuell gebratene Steinpilze dazu servieren.

# *Geschmortes Rinderbäckle in Lembergersauce mit Schalottenpiccata und Adlerknöpfle*

**Zutaten**

1 kg Rinderbacken
300 g Wurzelgemüse
3 EL Tomatenmark
1/2 l Lemberger
2 l brauner Kalbsfond
etwas Thymian, Rosmarin, Wacholderbeeren, Lorbeerblatt
36 Scheiben Schalotten (0,5 cm dick)
1 EL Mehl
1 EL Parmesan
2 Eier
4 Scheiben Gänsestopfleber (à 30 g)
Salz
Pfeffer
Butterschmalz zum Braten

Für die Knöpfle:
1 Zwiebel
1 Bund Petersilie
100 g getrocknetes Weißbrot
ca. 80 ml Milch
3 Eier
200 g Mehl
Salz, Pfeffer, Muskat

**Zubereitungszeit: ca. 3,5 Stunden**

Die Rinderbacken sauber putzen, würzen, in einem Topf rundum gut anbraten, herausnehmen. Wurzelgemüse klein schneiden und im Topf anrösten, Tomatenmark zugeben und bei mehrmaligem Ablöschen mit Rotwein weiter rösten, bis sich eine kräftige, dunkle Sauce bildet. Mit dem Kalbsfond auffüllen, die Bäckchen dazugeben, ebenso die Kräuter und Gewürze. Im Backofen bei 150 °C ca. 2–3 Stunden langsam schmoren. Sauce zwischendurch umrühren und das Fleisch wenden, damit es nicht schwarz wird.

Eier mit Parmesan verrühren, Schalottenscheiben in Mehl wenden, durch die Eier ziehen und in der Pfanne langsam goldgelb ausbacken.

Für die Knöpfle die Zwiebel klein schneiden, farblos anschwitzen. Petersilie von Stengeln befreien, kurz blanchieren und ausdrücken. Das Brot in Milch einweichen. Alles durch die feine Scheibe des Fleischwolfs drehen. Mit Eiern und Mehl vermischen, abschrecken und durch ein Knöpflesieb ins kochende Wasser drücken.

Die Bäckchen aus der Sauce nehmen, die Sauce durch ein Sieb passieren, eventuell reduzieren und abschmecken.

Die Gänsestopfleber braten.

Bäckchen in Scheiben schneiden, abwechselnd mit der Schalotten-piccata übereinander schichten, mit den Knöpfle und der Sauce anrichten, mit Gänseleber garnieren.

*PETER AUER, Küchenchef im Hotel „Adler“ in Asperg, hat diese Knöpfle-Spezialität für uns gekocht.*

*Ein Beitrag aus der badischen Sterne-Küche: ein Rezept von* WILFRIED SERR *vom „Alde Gott“ in Neuweier.*

# *Roulade von Ortenauer Feldfasan mit Gänseleber auf Wirsingrahmspätzle in Wacholdersauce*

**Zutaten für 4 Personen**

2 ausgebeinte enthäutete Fasane
8 große blanchierte Spinatblätter
4 fingerdicke Stücke Gänseleber (je ca. 60 g)
4 Stück Schweinenetz
80 g Trompetenpilze (getr. 5 g)
1 Eiweiß, 4 Wacholderbeeren
300 g Wirsing
20 g Speck, 1 Schalotte
250 ml Sahne
1 EL gehackte Petersilie
Salz, Pfeffer, Muskat
Spätzle von 250 g Mehl

Für die Sauce:
Fasanenknochen
200 g Zwiebelwürfel
60 g Karottenwürfel
80 g Selleriewürfel
2 Knoblauchzehen
Lorbeer, Nelken, schwarzer zerdrückter Pfeffer
1 Speckschwarte
500 ml brauner Geflügelfond
1 EL Tomatenmark
250 ml Rotwein, 50 g Butter
50 g Gänse- oder Fasanenleber
3–4 Wacholderbeeren

**Zubereitungszeit: ca. 80 Minuten**

Fasanenbrust aufschneiden und plattieren, würzen, mit Spinatblatt und Gänseleber belegen und zusammenrollen.

Fasanenkeulen und Wacholderbeeren durch den Fleischwolf drehen, Eiweiß zugeben und rühren, bis die Masse klebrig ist. Gehackte Pilze unterziehen und die Masse zwischen 2 Folien ca. 3–4 mm dick ausrollen. Die Fasanenbrust darauf legen, einrollen, mit dem Netz festigen und trockentupfen. Unter mehrmaligem Drehen ca. 12 Minuten braten, danach 5 Minuten warm stellen und ruhen lassen. Die Fasanenbrust sollte im Kern noch rosa sein.

Für die Sauce die gehackten Knochen in etwas Öl anbraten, Speckschwarte, Gemüsewürfel und Tomatenmark zugeben, weiterrösten, mit Rotwein 2- bis 3-mal ablöschen, mit dem Geflügelfond auffüllen. Gewürze zugeben und kochen lassen, bis das Fleisch an den Knochen weich ist. Abpassieren, die Sauce um die Hälfte einkochen lassen, abschmecken und mit der Butter montieren. Vor dem Servieren mit Gänse- oder Fasanenleber und Wacholderbeeren aufmixen.

Spätzle nach Rezept (siehe Seite 40) zubereiten.

Speck würfeln und anbraten, gehackte Schalotte zugeben und in Streifen geschnittenen Wirsing, weiterbraten, mit Sahne ablöschen, kochen, bis der Wirsing knackig gar ist. Die Sauce sollte dicklich sein. Spätzle einschwenken und abschmecken.

Fasanenbrust aufschneiden, auf den Wirsingrahmspätzle anrichten und mit Sauce garnieren. Dazu passen Pilze oder glacierte Maronen.

# *Schwabentopf mit Morchelrahmsauce und Spinatspätzle*

### Zutaten für 4 Personen

Je 4 Medaillons vom Kalbs-, Schweine- und Rinderfilet á 60 g
200 g frische Morcheln oder 40 g getrocknete
2 Schalotten
40 ml Madeira
100 ml dunkler Kalbsfond
200 ml Crème double
50 g Butter
etwas Butterschmalz zum Braten
Salz, Pfeffer

Spinatspätzle von 250 g Mehl
(siehe Rezept Seite 65)
etwas Butter

### Zubereitungszeit: ca. 70 Minuten

Die Medaillons rundum in Butterschmalz goldbraun anbraten, auf ein Backblech setzen und bei 140 °C ca. 10 Minuten gar ziehen lassen.

Die Morcheln gut reinigen (getrocknete einweichen), abtrocknen und mit etwas Butter in der Pfanne braten, in der das Fleisch angebraten wurde. Schalotten fein hacken und beigeben, mit Madeira ablöschen, mit Kalbsfond und Crème double auffüllen, einköcheln lassen. Sauce durch ein Sieb passieren, die Morcheln herausnehmen, die Sauce mit dem Mixstab schaumig aufschlagen.

Spinatspätzle nach Rezept zubereiten und in Butter anschwenken.

Die Medaillons aus dem Ofen nehmen und mit den Spätzle auf Tellern anrichten. Die Morcheln darauf setzen, mit der Sauce nappieren.

Eventuell mit Röstzwiebeln und gebratenen Speckstreifen garnieren.

# *Entenbrust in Honig-Knoblauch-Sauce mit Korianderspätzle*

**Zutaten für 4 Personen**

4 Entenbrüste
3 Schalotten
1 Knoblauchzehe
300 ml brauner Entenfond
1 EL Honig
4 EL Sojasauce
300 g Karotten
1 EL weißer Sesam
1 TL Sweet Chilisauce
4 Frühlingszwiebeln
100 g Shitakepilze
16 Stangen grüner Spargel
Salz, Pfeffer
Sesamöl zum Braten
etwas Butter
etwas frischer Koriander
Spätzle von 250 g Mehl (siehe Seite 40)

Für die Marinade:
1 EL Honig
50 ml Sojasauce
½ Knoblauchzehe
10 Wacholderbeeren
Korianderstiele

**Zubereitungszeit: ca. 1 Stunde**

Honig, Sojasauce, zerdrückte Knoblauchzehe, zerdrückte Wacholderbeeren und klein geschnittene Korianderstiele gut verrühren und die Entenbrüste damit einreiben.

Entenbrüste vorsichtig in Sesamöl anbraten. Wenn die Haut knusprig ist, ca. 10 Minuten bei 140 °C garen lassen.

Schalotten und Knoblauch fein hacken und in etwas Butter glasig anschwitzen. Entenfond, Honig und Sojasauce zugeben und einkochen lassen. Karotten in Stifte schneiden und in Sesamöl anbraten, Sesam und Sweet Chilisauce dazugeben, mit Salz und Pfeffer würzen. 2–3 EL Wasser dazugeben, zum Schluss etwas gehackten Koriander. Die Frühlingszwiebeln in feine Ringe schneiden, glasig anschwitzen.

Die Shitakepilze anbraten, Frühlingszwiebeln, Karotten und Spätzle dazugeben, mit anschwitzen und mit Salz und Pfeffer abschmecken.

Grünen Spargel waschen, untere Enden abschneiden, blanchieren und anschließend kurz in Sesamöl schwenken.

Die Spätzle mit dem Spargel auf einem Teller anrichten, Entenbrust aufschneiden und dazulegen, mit der Sauce nappieren.

# *Zwiebelrostbraten mit Sauerkrautspätzle*

### Zutaten für 4 Personen

1 EL Zucker
2 EL dunkler Balsamicoessig
200 ml trockener Lemberger
200 g rote Zwiebeln
1 weiße Zwiebel
1 EL Mehl
4 Rostbraten à 180 g
1 Schalotte
40 ml Portwein
200 ml brauner Kalbsfond
Salz, Pfeffer
etwas Butter
etwas Butterschmalz zum Braten

Für das Sauerkraut:
1 Zwiebel
1 EL Butter
300 g Sauerkraut
100 ml Weißwein
1 Gewürzbeutel (Wacholderbeeren, Lorbeerblatt, Pfefferkörner)
Salz, Pfeffer, Zucker

Spätzle von 250 g Mehl (siehe Rezept Seite 40)

### Zubereitungszeit: ca. 70 Minuten

Den Zucker in einer Pfanne karamellisieren, mit Balsamico ablöschen und mit Wein auffüllen. Rote Zwiebeln in Ringe schneiden und in Butter glasig schwitzen, zum Rotwein in die Pfanne geben und einköcheln lassen, bis der Wein verkocht ist, mit Salz und Pfeffer abschmecken.

Für das Sauerkraut die Zwiebel in feine Streifen schneiden und in Butter anschwitzen. Sauerkraut kalt abspülen und dazugeben. Mit Weißwein ablöschen, etwas Wasser und den Gewürzbeutel zugeben, ca. 40 Minuten köcheln lassen, mit Salz, Pfeffer und Zucker abschmecken.

Spätzle nach Rezept zubereiten. Weiße Zwiebel in Ringe schneiden, mit Mehl bestäuben und bei 160 °C goldbraun ausbacken.

Den Rostbraten in einer Pfanne in Butterschmalz braten, herausnehmen und warm stellen. Die fein gehackte Schalotte mit etwas Butter anschwitzen, mit Portwein ablöschen, mit Kalbsfond auffüllen und einkochen. Einige Butterflocken unterheben, mit Salz und Pfeffer abschmecken.

Spätzle mit Sauerkraut in einer Pfanne anschwenken, mit einem Ausstecher (10–12 cm Durchmesser) ein Türmchen formen. Rotweinzwiebel auf dem Rostbraten verteilen, Röstzwiebel darüber geben und mit den Sauerkrautspätzle und der Sauce anrichten.

*„Solang es Kraut und Spätzle gibt,*
*solang verderbet d'Schwôbe nit."*

*Und als krönender Abschluss:*
*eine besondere Spätzle-Dessert-Variante*
*von* STEFFEN SONNENWALD.

# Schokoladen-Chili-Spätzle mit Koriander-Pralinen-Eis und Erdbeeren

## Zutaten für 4 Personen

Für die Spätzle:
500 g Mehl
6 Eier
200 ml Milch
100 g Zartbitterschokolade
1 Chilischote
1 Msp. Zimt
2 EL Schokoladenspäne
1 EL Butter

1 l Milch
1 Vanilleschote
3 EL Zucker

Für das Eis:
$^{1}/_{2}$ l Milch
$^{1}/_{2}$ l Sahne
85 g weiße Kuvertüre
60 ml Grand Marnier
1 kleiner Bund Koriander
8 Eigelb
120 g Zucker
etwas Zimt

200 g Erdbeeren

## Zubereitungszeit: ca. 110 Minuten

Für das Eis die Milch und die Sahne aufkochen lassen. Die Kuvertüre klein hacken, dazugeben und glatt rühren.

Eigelb mit Zucker und Zimt in einer Schüssel verrühren, die etwas abgekühlte Milch-Sahne-Mischung dazugeben und im Wassserbad zur Rose abziehen. Kaltrühren, mit dem Grand Marnier verfeinern und das klein geschnittene Koriandergrün untermischen. In die Eismaschine füllen und gefrieren lassen.

Für die Spätzle Mehl, Eier, Milch und Zimt in einer Schüssel verrühren. Schokolade in etwas heißer Milch auflösen und abkühlen lassen, Chilischote längs aufschneiden, entkernen und fein hacken. Schokolade und Chili in die Schüssel geben und alle Zutaten zu einer glatten Masse verrühren.

Milch mit Vanilleschote und Zucker aufkochen, die Schokoladenspätzle hineinschaben oder durch eine Spätzlepresse drücken. Mit einem Schaumlöffel herausnehmen, abtropfen lassen.

Vor dem Servieren die Spätzle in Butter schwenken, die Schokoladenspäne darunter mischen. Mit Eis und Erdbeeren anrichten.

# Rezepteregister



## Spätzle- und Köpflevariationen

# Warum Spätzle?

Auch wir hatten zunächst die Spätzle lieber auf dem Teller denn als Forschungsobjekt im Kopf. Das änderte sich jedoch, nachdem wir ein kurioses Gerät entdeckt hatten: das dreibeinige „Ungetüm" einer Spätzlemaschine, zu der sich im Laufe vieler Flohmarktbesuche immer mehr und auch völlig unterschiedliche Stücke gesellten. Den viel gerühmten „schwäbischen Tüftlergeist" und das innige Verhältnis der Schwaben zu ihren Spätzle im Hinterkopf, war die Idee zu einer Ausstellung schnell geboren, die seit dem Frühjahr 2000 durch die Lande tourt und deren Ergebnisse wir in diesem Buch in Ausschnitten vorstellen. Die Arbeit daran hat uns viele interessante Begegnungen beschert, denn Spätzle sind ein Thema, das in Süddeutschland jede(n) angeht und über das viele etwas zu erzählen wissen.

Umso mehr verwunderte es uns, dass die kulturgeschichtliche Beleuchtung der Spätzle in den 1960er Jahren stecken geblieben ist. Karl Lerch hatte sich damals in seinem immer noch lesenswerten, aber leider heute vergriffenen „Spätzlebrevier" der schwäbischen Speise angenommen. Besonders im Hinblick auf die Geräte und Maschinen mussten wir Grundlagenforschung betreiben und uns oft darüber wundern, wie viel an Wissen selbst über jüngere Geräte bereits wieder verloren gegangen ist. Immerhin ist es uns aber gelungen, eine sehr große und variantenreiche Spätzlemaschinen und -geräte-Sammlung mit dazugehörigen Hintergrundinformationen zusammenzutragen.

Die „Spätzle-Forschung" ist ernsthaft und gleichzeitig heiter, eben mitten aus dem Leben gegriffen, und zeigt dabei ein eindrucksvolles Stück europäischer Koch- und Kulturgeschichte. Und man wird wohl nie einen endgültigen Schlussstrich unter dieses Thema ziehen können. Aus diesem Grund ist auch die Gründung eines Spätzle-Museums in Planung, in dem nicht nur die Wanderausstellung ihren festen Platz finden wird: Als Forum für Koch- und Ernährungskultur soll Vergessenes wieder ins Blickfeld gerückt und Alltägliches in kulturhistorische Zusammenhänge gestellt werden, auch um ein Bewusstsein für das zu schaffen, wovon wir leben.

Wir danken allen, die mit Bildmaterial zum Gelingen des Buches beigetragen haben, vor allem Herrn Dr. Hecht, Stadtarchiv Rottweil; Herrn Dr. Beck, Gesamtarchiv des Fürsten zu Waldburg-Wolfegg; den Firmen Delta-Werk Kern, Rottweil; Kipp, Sulz-Holzhausen; Kull, Remshalden; Sonntag, Bergatreute und natürlich allen Erfindern von Spätzle- und Knöpflemaschinen.

Sylvia Bauer & Peter Menzel

Für weitere Informationen: www.blickfang-alte-zeiten.de oder www.spaetzle-museum.de.

## Kochen macht glücklich

Ursprünglich war die Maultasche eine Fastenspeise. Heute steht der schwäbische Klassiker, der seinen Siegeszug weit über die schwäbische Grenze hinweg angetreten hat, das ganze Jahr auf dem Speiseplan und hat auch Einzug in die Haute Cuisine gehalten.
Das Buch dokumentiert diese Erfolgsgeschichte der Maultasche: mit köstlichen Rezepten, historischen Anekdoten, mit Tipps und Skurrilem, kurz mit allem, was die Maultaschenkultur ausmacht.

**Maultaschen**
**Genuss in Hülle mit Fülle**
120 Seiten, gebunden,
zahlreiche farbige Abbildungen
€ 14,90
ISBN 3-930723-74-3

Kohl, das älteste und populärste Blattgemüse hat eine lange, aber nicht besonders ruhmreiche Vergangenheit: als Arme-Leute-Essen und fester Bestandteil von Eintöpfen. Doch sein Image hat sich gewandelt: Reich an Vitaminen und Ballaststoffen steht er heute nicht nur bei Ernährungswissenschaftlern hoch im Kurs. Ob Weißkohl, Rotkraut, Wirsing, Blumenkohl, Kohlrabi oder Rosenkohl – , sie alle haben auch in der Haute Cuisine ihren Platz gefunden.

**Kohl & Kraut**
ca. 120 Seiten, gebunden,
zahlreiche farbige Abbildungen
ca. € 14,90
ISBN: 3-930723-02-6
Herbst 2003

Gesund und fettarm essen und trotzdem genießen! Die ausgewogene Mischung aus Grundkochbuch und Lebensmittelkompendium zeigt, was fit, schlank und gesund macht und hält. Die originellen und unkompliziert nachzukochenden Rezepte für die Alltagsküche (alle mit Nährwertangaben) werden ergänzt durch fundierte Informationen aus der Lebensmittel- und Ernährungskunde und viele praktische Tipps rund um Einkauf, Lagerung und Zubereitung.

**Ewald Braden**
**Das Grundkochbuch der fettarmen Küche**
ca. 240 Seiten,
zahlreiche farbige Abbildungen
ca. € 19,90
ISBN: 3-930723-05-0
Herbst 2003

**Hampp**Verlag